AF453370

# EXCURSIONS

DANS

# L'AFRIQUE SEPTENTRIONALE.

A. PIHAN DE LA FOREST,
IMPRIMEUR DE LA COUR DE CASSATION,
rue des Noyers, n° 37.

# EXCURSIONS

DANS

## L'AFRIQUE SEPTENTRIONALE

PAR LES DÉLÉGUÉS

DE LA SOCIÉTÉ ÉTABLIE A PARIS

POUR

## L'EXPLORATION DE CARTHAGE.

OUVRAGE ACCOMPAGNÉ D'INSCRIPTIONS ET DE PLANCHES
EN NOIR ET EN COULEUR.

PUBLIÉ PAR LA SOCIÉTÉ.

GIDE. LIBRAIRE,
RUE DE SEINE S.-GERM., N° 6.

ARTHUS BERTRAND,
RUE HAUTEFEUILLE, N° 23.

1838.

# RELATION

D'UNE EXCURSION

## DE BONE A GUELMA

### ET A CONSTANTINE,

**PAR SIR GRENVILLE TEMPLE
ET LE CHEV<sup>er</sup> FALBE,**

DÉLÉGUÉS DE LA SOCIÉTÉ ÉTABLIE A PARIS

POUR

## L'exploration de Carthage.

— ◦◦◦ —

PREMIER FASCICULE DE L'OUVRAGE,

ACCOMPAGNÉ D'UN RECUEIL D'INSCRIPTIONS ET DE
QUATRE PLANCHES REPRÉSENTANT DES MONUMENS
ANTIQUES, DES MOSAIQUES ET DES PEINTURES A
FRESQUE DÉCOUVERTS A CARTHAGE.

## Publié par la Société.

## PARIS,

M D CCC XXXVIII.

# AVANT-PROPOS.

Carthage avait succombé sous les armes romaines; ses remparts avaient été rasés, ses édifices livrés aux flammes, l'emplacement qu'elle occupait voué à une éternelle solitude. On aurait dit que l'ombre même de la cité d'Annibal effrayait encore sa jalouse rivale. Les restes de la ville punique furent dévoués aux dieux infernaux, et de terribles imprécations furent fulminées contre tous ceux qui tenteraient de relever ses murailles.

Un demi-siècle s'était à peine écoulé que, par une de ces anomalies si fréquentes dans l'histoire des hommes et dans celle des nations, Carthage était tirée de ses ruines par une colonie romaine. La nouvelle ville végéta d'abord dans un état de croissance faible et languissant. Bientôt elle accrut rapidement en grandeur et en magnificence, et, grace aux bienfaits d'Auguste, elle reprit son ancien rang et put disputer encore à Rome le titre de capitale du monde. Mais les destins ne lui avaient pas promis, comme à sa rivale, une existence éternelle. Après avoir subi les mutilations systématiques du christianisme et les aveugles fureurs des Vandales, elle fut définitivement détruite, en 691, par les Arabes sectateurs de Mahomet. Maintenant, onze siècles ont passé sur ses ruines, et pendant onze siècles les débris de ses murs et de ses édifices, transportés souvent à des distances immenses, ont servi à construire d'autres villes et d'autres monumens. Le sol conserve à peine quelques faibles vestiges des deux grandes cités qui l'ont occupé tour à tour; et , naguère encore , les érudits ne s'accordaient pas même sur la position exacte de la ville punique. En 1833, M. Falbe , capitaine de vaisseau et consul général de Danemarck à Tunis, où il avait séjourné pendant onze années, publia un plan topographique du terrain et des ruines de Carthage, avec un volume de recherches sur son emplacement. La situation des ports , de la citadelle, du cirque, de l'amphithéâtre et de quelques autres monumens fut fixée avec la plus grande précision.

Deux ans après, M. Dureau de la Malle publiait de son côté un volume de recherches sur le même sujet. A l'aide des nombreux jalons plantés par M. Falbe sur le sol de la cité phénicienne, M. Dureau de la Malle parvint à déterminer, souvent avec certitude, toujours avec une grande probabilité, presque tous les monumens de Carthage sur lesquels une lecture attentive des auteurs anciens avait pu lui donner quelque lumière. Il combattit par d'excellentes raisons cette « vieille erreur de notre enfance, « née du fameux *delenda Carthago* de Caton, « des déclamations oratoires et des amplifica-« tions poétiques qui, depuis Velléius jusqu'à « Sannazar et au Tasse, a fourni de si belles « pages à l'éloquence et à la poésie, et qui nous « représente l'emplacement de Carthage comme « une table rase où les ruines mêmes avaient « péri, *etiam periere ruinæ*. » Mais le docte académicien l'avait bien prévu ; il a eu beau dire, la vieille erreur est bien enracinée, elle se propage tous les jours, et personne encore ne doute que la ville de Didon n'ait été complètement anéantie par les armes romaines.

Le monde savant n'apprendra donc pas sans quelque satisfaction qu'elle est pour ainsi dire sur le point de ressusciter de ses décombres, et qu'on pourra bientôt peut-être suivre le tracé des anciennes rues à Carthage, comme dans ces deux célèbres villes d'Italie que la science a dé-terrées sous les laves du Vésuve.

C'est dans l'ouvrage de M. Dureau de la Malle (1) que se trouve formulée la première.

(1) P. 172, note 1.

idée d'une société ayant pour but d'exploiter
les ruines encore vierges de Byrsa. « S'il se
« formait en Europe, dit l'auteur, des compa-
« gnies pour exécuter des fouilles dans l'Hié-
« ron de Cœlestis, il est probable que la spé-
« culation serait fort avantageuse, et que ce
« sol, étant vierge et n'ayant jamais été remué,
« fournirait un grand nombre d'objets d'art ro-
« mains et même puniques. Ces derniers, très
« rares dans les collections, auraient une valeur
« commerciale fort grande qui récompenserait
« avantageusement les avances faites pour ces
« fouilles. Dans ce cas l'amour du gain serait
« fort utile à la science. »

Cette idée a reçu son exécution, mais sur
un autre plan que celui dont M. Dureau de la
Malle indiquait la principale base. Une association purement scientifique et artistique, dont
la constitution est étrangère à toute espèce de
spéculation commerciale, s'est formée à Paris,
en août 1837, pour faire exécuter des fouilles sur
le sol de Carthage. La pensée en est due à M. Dureau de la Malle ; il a été puissamment secondé
dans la réalisation de ce beau projet, par le zèle
et l'activité de M. Falbe, et de sir Grenville Temple, savant anglais connu par des voyages rem-
plis d'intérêt, notamment par celui qu'il a exé-
cuté en 1832 et 1833 dans les régences de Tunis
et d'Alger. Le séjour qu'avaient fait MM. Temple

et Falbe sur les lieux qui devaient être le théâtre de nos opérations, la parfaite connaissance qu'ils avaient du pays, en leur permettant de juger sûrement les avantages et les inconvéniens d'une entreprise aussi nouvelle, devaient donner un grand poids à leur opinion. C'est sur leur avis formel que la société ne restreignit point son exploration au sol de Carthage, et se réserva de l'étendre sur les autres points de la régence qui pouvaient promettre d'heureux résultats. Du reste, nous étions à peu près certains que le bey de Tunis, loin de s'opposer à notre projet, lui accorderait au contraire aide et protection, et ne mettrait aucun obstacle au transport en France des objets d'art et d'antiquité qui seraient découverts par suite de nos travaux.

Il ne restait donc qu'à mesurer l'importance de l'entreprise et à décider si les moyens matériels dont la société pouvait disposer, étaient en rapport avec les dépenses présumées nécessaires pour arriver à un premier résultat. L'association ne comptait encore que dix-huit membres ; la première mise de fonds s'élevait seulement à 23,6oo fr. C'était peu sans doute, et l'entreprise pouvait échouer devant la première de toutes les difficultés, celle de trouver, pour diriger les travaux, un homme instruit, actif, intelligent, qui consentît à s'expatrier dans l'intérêt de la société, moyennant une somme proportionnée à ses modiques ressources. Le désintéressement de sir Temple et de M. Falbe leva cet obstacle; ils consentirent à se rendre eux-mêmes sur les lieux, et à se charger gratuitement de la direction des travaux. Ce n'était pas seulement pour la société une occasion d'économie, c'était encore un gage presque assuré de succès. Si quelque chose en effet pouvait contribuer à la réussite de nos efforts, c'était la coopération active de deux hommes passionnés pour les recherches de science et d'érudition, rompus à la vie pénible des voyages, parfaitement au courant de la topographie de l'Afrique, habitués aux variations de son climat, initiés enfin à la connaissance des usages , des mœurs et de la langue des habitans.

Les préparatifs de départ furent bientôt terminés. MM. Temple et Falbe quittèrent Paris le 7 septembre; le 19 ils étaient à Bône. L'expédition de Constantine venait d'être résolue, et cette campagne offrait un puissant, attrait pour les études d'archéologie et de géographie. Les détails de la route de Bône à Constantine n'étaient qu'imparfaitement connus. M. Hase venait, il est vrai, de publier son savant rapport sur quelques inscriptions latines découvertes dans l'ancienne régence d'Alger. Mais parmi tous les points que l'armée devait rencontrer dans sa marche, un seul avait fourni son contingent de matériaux pour ce remarquable travail ; c'était

Qalmah. Quinze inscriptions choisies parmi celles qu'ont fournies les ruines de cette ville, avaient été publiées et rétablies par le docte académicien avec une rare sagacité. Mais on n'avait encore rien d'A'nnounah dont les ruines semblaient promettre de riches trésors à l'érudition ; rien surtout de Constantine, cette ancienne capitale des rois numides , soigneusement conservée , restaurée, embellie par les empereurs romains , et dont les antiques monumens, encore inexplorés, devaient présenter un attrait bien puissant à la curiosité de nos archéologues. Quant à la géographie mathématique, elle n'avait pas encore fait un pas sur cette terre classique. Pas un calcul de latitude ou de longitude , pas une triangulation, pas une mesure barométrique ; c'est à peine si les géographes croyaient connaître la position approximative de Constantine.

MM. Temple et Falbe avaient en leurs mains des instrumens (1) que ne possédaient pas MM. les officiers, et dont ceux-ci d'ailleurs n'auraient pu, pendant une expédition militaire, trouver le temps de se servir. Ils étaient munis de tout l'attirail nécessaire aux travaux du dessin graphique et de paysage ; MM. les généraux Damrémont et Perregaux leur avaient fait un excellent accueil, et témoigné une vive sym-

(1) On peut en voir la liste à la note de la page 10.

pathie pour leurs travaux futurs. En fallait-il davantage pour hâter leur détermination? Ils partirent en volontaires, à la suite de l'armée, formant
d'abord à eux deux une sorte de commission
d'Afrique, se vouant au milieu du bruit des armes et du mouvement de la marche, aux paisi-
bles observations du ciel, aux mesures des hauteurs, aux minutieuses recherches des ruines et
des inscriptions. C'est peut-être leur exemple qui
donna au général en chef l'idée de créer une commission spécialement chargée des détails scienti-
fiques de la route. MM. Temple et Falbe furent
appelés à en faire partie. Si cette espèce de caractère officiel ne leur procura point, de la part des
chefs militaires, toutes les facilités d'exploration
sur lesquelles ils comptaient, au moins se trou-
vèrent-ils par-là mis en rapport avec plus d'un
officier instruit et zélé, dont les recherches an-
térieures, communiquées avec un obligeant désintéressement, leur permirent de compléter,
sous plusieurs rapports, la série de leurs observations.

De retour à Bône, après la prise de Constantine, MM. Temple et Falbe se rendirent à Tunis
et se mirent aussitôt en mesure de commencer
les travaux des fouilles. Quelques jours furent
nécessaires, soit pour obtenir les firmans du bey,
soit pour traiter avec les propriétaires du sol. Ce
délai fut employé à la rédaction de leur excur-

sion à Constantine, qui nous fut immédiatement
expédiée. Il ne faut imputer ni aux auteurs ni à
la Société, les retards qu'a éprouvés la publication de cette pièce intéressante. La seule cause
de ce retard a été la nécessité d'adopter, pour
les nombreux dessins qui devaient accompagner
la relation, un mode d'envoi qui ne les exposât
point au vandalisme des commissions sanitaires.
Expédiés par des voies sûres, ils n'arrivent toutefois que fort lentement et avec beaucoup d'ir-
régularité. Ainsi nous possédons plusieurs plans
des fouilles exécutées à Carthage, des dessins de
mosaïques, des copies de peintures à fresque
provenues de ces fouilles, et nous attendons encore le plan de Constantine et les croquis de ses
principaux monumens dont l'envoi nous est depuis fort long-temps annoncé. Cependant un
plus long délai pouvait considérablement atté-
nuer l'intérêt de nos documens. Nous avons donc
pris le parti de les livrer à la publicité dans l'é-
tat où ils se trouvent, nous réservant de faire
paraître de nouveaux fascicules à mesure que de
nouveaux renseignemens nous seront adressés ,
et de compléter ainsi, les unes par les autres ,
ces publications successives.

Ce petit volume peut donc être considéré comme
le premier numéro d'une série de cahiers qui se
succéderont à de plus ou moins longs intervalles,
suivant que les documens seront plus ou moins

abondans. Aucune de ces livraisons ne sera peut-être complète par elle-même ; mais en se succédant elles se suppléeront mutuellement, de manière qu'au bout de l'entreprise, la réunion des fragmens publiés formera un tout complet, sinon parfaitement coordonné dans toutes ses parties , au moins très facile à consulter au moyen des divisions systématiques introduites dans chaque fascicule, et d'une table générale qu'on pourra placer à la fin du dernier. Dans celui-ci, par exemple, nous donnons divers détails sur la topographie de Constantine , sur le port , l'aquéduc, la Qasbah, le Tetrapylon, etc., et nous faisons paraître des dessins relatifs aux ruines de Carthage, dont la relation ne fait pas mention.

Le cahier prochain sera tout entier consacré à décrire les fouilles exécutées à Carthage, avec leurs résultats, et nous y joindrons probablement le plan de Constantine et le dessin des ruines antiques que l'on trouve encore dans ses murs. Cette dernière anomalie sera justifiée par la nécessité. Aujourd'hui nous aurions peut-être pu nous dispenser de publier des dessins qui n'ont aucun rapport avec le texte de la relation contenue dans notre premier fascicule; mais nous n'avons pu résister au désir de donner aux savans et aux amateurs d'antiquités, une faible idée des résultats qu'ont amenés nos premiers efforts. N'est-ce pas en effet une chose presque merveilleuse que quatre mois de travaux sur un sol où, disait-on, les ruines mêmes avaient péri, aient fait découvrir une foule d'objets d'art de toute espèce, des inscriptions puniques et latines, des fragmens de statue, des médailles, des cippes numides, de superbes mosaïques bien conservées, des peintures à fresque, semblables à celles d'Herculanum et de Pompéï, où des figures d'hommes, de femmes, de fleurs, d'animaux de tout genre, sont encadrées dans des bordures en arabesques, pleines de grace et de fraîcheur?

Nous réservons pour notre prochain cahier le tableau détaillé des fouilles et de leurs produits. Nous en avons dit assez pour montrer combien la réussite de notre entreprise peut offrir d'intérêt à l'étude de la philologie, des beaux-arts, de l'archéologie et de l'histoire. Nous ferons tous nos efforts pour mener à bout cette œuvre diffi- cile où nous a poussés l'amour désintéressé de l'art et de la science; mais nous sollicitons les encouragemens et le concours de tous ceux qui se complaisent dans l'étude du passé.

Les fouilles entreprises depuis dix ans dans le sol presque épuisé de l'Italie, à Volterra, à Céré, à Canino, à Ruvo, dans l'Etrurie et le royaume de Naples, produisent tous les jours de nouvel- les richesses et récompensent amplement la har- diesse et la patience de leurs explorateurs. Que ne doit-on pas attendre d'un sol vierge encore, qui recèle depuis des siècles, à douze ou quinze pieds de profondeur, les débris inexplorés de deux grandes et magnifiques cités. D'ailleurs nous n'en sommes plus à faire valoir de vagues espérances; les faits parlent, les résultats sont constans, bientôt nous pourrons les exposer à tous les yeux. Aux hommes de goût et de science qui voudront s'associer à nos efforts, nous proposons l'exploitation d'une mine abondante et encore intacte; le gisement en est parfaitement connu; les échantillons sont entre nos mains. La riche récompense qu'ils présagent à nos travaux, nous sommes prêts à la partager avec ceux qui répondront à notre appel.

# SOCIÉTÉ

## POUR L'EXPLORATION DE CARTHAGE.

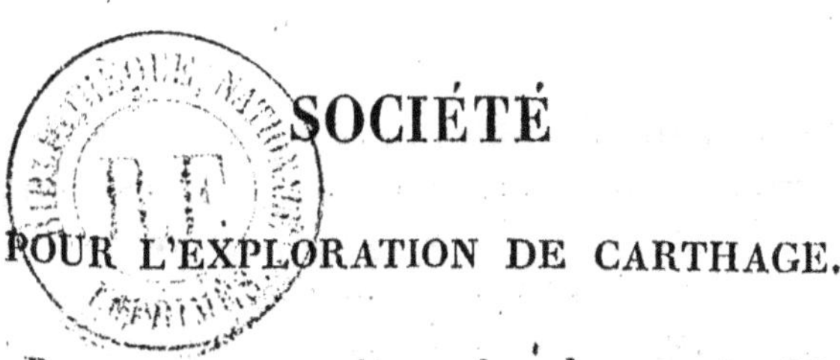

Par un *acte notarié*, en date du 21 août 1837, une Société s'est formée à Paris dans le but de faire exécuter des fouilles sur le sol de CARTHAGE et autres villes anciennes dans les régences barbaresques, et d'en importer, en France, tous les objets d'art et de sciences que ces fouilles pourront faire découvrir.

Les souscripteurs s'unissent et s'associent uniquement pour parvenir au but qu'on vient d'exprimer ; mais non pour former une société de commerce, ni se soumettre à aucune solidarité.

La direction et la surveillance spéciales des opérations de l'entreprise sont confiées à *sir Grenville Temple* et à M. *Falbe*, qui se rendent sur les lieux et acceptent lesdites direction et surveillance ; sir Grenville Temple et, en son absence, M. Falbe, détermineront les points du sol à explorer, les travaux à exécuter, et le nombre des ouvriers qui devront être employés. Ils sont autorisés à se faire aider d'un architecte, ou d'un géomètre-arpenteur, pour conduire et inspecter les travaux sur les lieux.

L'administration des fonds, le classement des objets trouvés, leur estimation et leur vente, s'il

y a lieu, sont confiés à un comité administratif :
ce comité sera formé dans la première réunion
des membres de la Société, qui désigneront ceux
d'entre eux dont il sera composé.

A chaque envoi d'objets, et tous les trois mois,
en cas de non résultat des fouilles, il y aura réu_
nion générale de toutes les parties co-inté-
ressées.

Dans cette réunion, le comité présentera l'état
des découvertes faites dans cette période, et de
la situation financière de l'administration.

Pour mettre le comité à même de présenter
cet état, MM. les directeurs devront entretenir
avec lui une correspondance suivie et le tenir au
courant des travaux.

S'il y a un envoi d'objets, les caisses devront
être ouvertes et inventoriées par le comité qui
décidera s'il y a lieu ou non d'en proposer le
partage.

Dans le cas où, après l'épuisement de la somme
totale, les associés ou plusieurs d'entre eux vou-
draient continuer la Société, ils conviendront
entre eux d'une nouvelle mise en commun qui
sera administrée de la même manière que celle
convenue par les présentes. Mais avant le verse-
ment d'aucune nouvelle somme, les objets pro-
venus des fouilles exécutées jusqu'à cette époque,
seront partagés entre tous les associés de la manière qui sera déterminée par eux en assemblée

générale, si déja ils ne l'avaient été, soit en to-
talité, soit en partie, ainsi qu'il est dit plus
haut.                           (*Extrait des Statuts.*)


## Liste des Membres de la Société pour l'exploration de Carthage.

MM. Dureau de la Malle.
    Le prince de la Cisterne.
    Le duc de Luynes.
    Le duc de Caraman.
    Le comte Pourtalès.
    Le chevalier Falbe.
    Sir Grenville Temple.
    Jomard.
    Letronne.
    Rollin.
    Thierry.

MM. Raoul-Rochette.
    Le docteur Koreff.
    Chassériau.
    Géraud.
    Hudson-Gurney.
    Le comte d'Harcourt.
    Ducas.
    Thomassy.
    . . . . . . . . . . . . . .
    . . . . . . . . . . . . . .
    . . . . . . . . . . . . . .
    . . . . . . . . . . . . . .


## Comité administratif.

MM. Le comte Pourtalès.
    Jomard.
    Dureau de la Malle.
    Rollin, *trésorier.*
    Géraud, *secrétaire.*

Un exemplaire de chaque publication est livré gratis aux souscripteurs.

*N. B.* Quinze caisses de mosaïques, peintures et vases antiques ont été expédiés de Toulon sur le Hâvre. Seize autres caisses viennent d'arriver à Marseille.

# TABLE

## DES PARAGRAPHES.

# PLANCHES.

# RELATION

### D'UNE

## EXCURSION A CONSTANTINE,

### A LA SUITE DE L'ARMÉE FRANÇAISE,

PAR SIR GRENVILLE T. TEMPLE
ET M. C. T. FALBE,

Membres et délégués de la société pour l'exploration de Carthage.

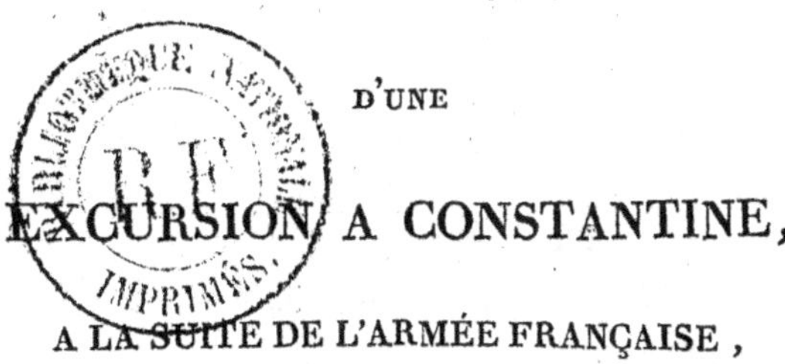

---

## I. BÔNE.

Une association pour l'exploration du sol de Carthage et du pays environnant ayant été si‑gnée à Paris, le 18 août 1837 (1), nous fûmes

(1) Les membres qui composent la société sont, jus‑qu'à ce jour, MM. le prince de la Cisterna, ducs de

désignés pour aller sur les lieux diriger les opérations. Nous partîmes de Paris le 7 septembre
et nous arrivâmes heureusement à Toulon où, par
l'officieuse complaisance de M. le ministre de la
guerre et du préfet maritime de la ville, nous trouvâmes l'accueil le plus gracieux et toutes les facilités
désirables pour notre embarquement. Le 17, nous
quittâmes la rade sur le bateau à vapeur le Vautour,
capitaine Duparc, qui nous mena à Bône dans 5o
heures par un temps magnifique.

L'expédition de Constantine, long-temps atten-
due, ayant été décidée en même temps que la for-
mation de notre société, nous ne pouvions mieux
commencer des recherches sur l'ancienne Numidie
qu'en suivant l'armée française dans cette mémorable campagne.

Le bon accueil que M. le ministre de la guerre
nous avait ménagé à Toulon nous attendait aussi à
Bône. Le gouverneur-général avait été informé de
notre arrivée et du but de notre voyage. Le comte
de Damrémont et M. le général Perregaux, son chef
d'état-major, nous reçurent de la manière la plus

Luynes et de Caraman, comtes de Pourtalès et d'Harcourt,
sir Grenville Temple, Jomard, Letronne, Dureau de la
Malle, Raoul Rochette, Hudson Gurney, Falbe, Rollin,
Thierri, Rumbolt, Chasseriau, Geraud, Ducas. La société reçoit toujours l'adhésion des personnes qui désire-
raient en faire partie. M. Rollin, antiquaire, rue Vi-
vienne, 1o, est chargé de recevoir les souscriptions.

bienveillante et nous invitèrent à faire partie d'une commission scientifique formée sous la présidence du général Perregaux (1). Le gouverneur nous fit la faveur spéciale de nous engager à partager sa table dès qu'on entrerait en campagne.

Pour nous mettre à même de suivre régulièrement les observations barométriques et de déterminer, par ce moyen, l'élévation du terrain que nous allions parcourir, M. le capitaine de vaisseau Deloffre eut la bonté de se charger des observations à faire à Bône avec le grand baromètre de Fortin que nous avions apporté pour cet objet, tandis que l'autre, un baromètre à syphon de Bunten, fut destiné à faire la campagne.

Pendant notre séjour à Bône, les longs et difficiles préparatifs de la campagne, l'achat de chevaux, d'une tente, etc., nous firent perdre tant de temps qu'il nous fut impossible de visiter les ruines d'Hippône avant le 24 et le 25 septembre.

Ces ruines, déja parcourues par un de nous en 1832, sont situées au sud-ouest de la ville de Bône, sur deux mamelons et sur le terrain qui les sépare. Les deux rivières Boudjimah (2) et Sé-

(1) Parmi les membres de cette commission, nous citerons MM. Guyon, Perrier, la Porte, médecins et chirurgiens, Mangay, capitaine du génie, Berbrugger, bibliotécaire à Alger, etc., etc.

(2) Plus haut la rivière Boudjimah prend le nom de Méboudjah. Elle a sa source près du camp de Neschmeiah

bous les entourent et vont se jeter dans le fond du golfe, à très peu de distance l'une de l'autre. Le pont sur la Boudjimah, composé de onze arches, date du temps des Romains. Il a toujours été ouvert à la circulation, et si une bonne et solide réparation exécutée en 1834 a détruit l'aspect pittoresque qu'il avait présenté jusqu'alors, elle a du moins le mérite de l'à-propos et garantit pour long-temps encore la sûreté d'une importante communication. Il serait à désirer que de pareils travaux fussent entrepris sur quelques autres points du grand chemin, dans e voisinage de la ville.

Les principales ruines consistent en une suite de ,iternes divisées en deux corps principaux, composés chacun de sept citernes. La longueur totale de l'édifice est de 49 mètres, la largeur de 43 mètres et la hauteur des voûtes de 9 mètres 20 centimètres environ, sans compter la partie qui est encombrée par le fumier entassé des troupeaux auxquels ces citernes servent d'écurie. Elles sont adossées à la colline, dont la pente est assez rapide dans cet endroit. Un mur haut de 5 mètres 10 centimètres a été construit au-dessus des citernes, contre la face ouest et sur les flancs nord et sud ; mais il n'est pas probable que ce mur ait formé une enceinte complète par

et sépare les Beny Kâïd des Beny Foughâl. La profondeur de cette rivière, sous le pont romain, est de 4 à 5 pieds ; la barre, devant l'embouchure, n'a qu'un pied d'eau.

son prolongement sur la face est : il est plutôt certain qu'il n'a été construit que dans les parties où
l'élévation du terrain exigeait un épaulement.

Un aquéduc romain, ou byzantin peut-être,
prend naissance dans l'étroite vallée de la rivière des
Oléandres (1), située entre un des derniers contre-
forts de la montagne Idough et la colline Qef-el-
Nesour, gisant N. 75° O., 1 mille $\frac{2}{3}$ environ (2) en
droite ligne des citernes d'Hippône. Il en reste dix
arcades; leurs supports ont 1 mètr. 3o c. de longueur
sur 1 mètr. 10 c. de largeur et les ouvertures entre
les pilliers sont de 2 mètr. 90 c. Le canal se trouve
à la hauteur de 22 mètres au-dessus du niveau de
la mer (3). Après avoir traversé la rivière des
Oléandres, l'aquéduc s'enfonce dans le flanc de Qef-
el-Nesour, tourne à gauche en suivant les sinuosités
de la colline, reparaît au-dessus du sol dans la vallée
de la Boudjimah, traverse cette rivière et se perd
tout près de là dans le mamelon ouest d'Hippône.

Les faibles dimensions des fondemens de cet édifice et des pilliers qui se voient encore auprès du
pont en bois, sur la Boudjimah (1 mètr. 3o c. de

(1) Ouâd-el-Defly. Voyez la carte de Bône et de ses environs, publiée par le dépôt général de la guerre.

(2) En parlant de milles, nous entendons des milles ma-
ritimes de 6o au degré, dont trois forment une lieue maritime.

(3) Voyez la carte de Bône et de ses environs, publiée par
le dépôt général de la guerre.

côté ), prouvent assez que ces substructions n'ont jamais pu supporter un aquéduc d'une élévation suffisante pour alimenter les grandes citernes. En effet, le canal intérieur de ces dernières est élevé d'une quarantaine de mètres au-dessus du niveau de la mer, tandis que l'élévation du canal de l'aquéduc est seulement de 22 mètres.

Quelques pans de murs , des fragmens éparpillés, des traces de fondemens de bâtisses, sans suite et sans intérêt, qu'on distingue par-ci par-là entre les jardins et les plantations d'oliviers dont ce terrain est couvert, servent à déterminer l'étendue de la ville, dont la position est bien connue.

Près de la rive gauche de la Sébous et de l'endroit où est le bac de passage, sur le versant est du mamelon inférieur qu'occupait Hippône , on voit des traces d'un théâtre dont la circonférence, à la partie intérieure et supérieure du demi-cercle, est d'environ 112 mètres. L'enceinte de ce monument est d'autant plus difficile à distinguer qu'il se trouve à côté d'une carrière de pierres formant une excavation à peu près semblable. Derrière le théâtre, sur le sommet de la colline, qui offre très peu de débris de constructions, il existe quelques maisons ou barraques, et devant l'une d'elles on voit un pavé de mosaïque d'une exécution grossière sans dessins. Le théâtre fait face à l'est et à la Sébous, qui coule à moins de 120 mètres de distance. Jusqu'à présent nous n'avons pas appris qu'on ait fait mention de cet ancien monument. Nous le signalons à l'attention des amateurs d'antiquités qui habitent la ville de Bône.

En remontant la Sébous on voit, depuis son embouchure jusqu'à l'endroit où la route de Constantine s'en écarte, de nombreux vestiges de petits môles ou quais qui soutenaient ses bords. Une chaussée romaine, pavée en dalles placées obliquement à la direction du chemin, suivait le long de ces quais et continuait probablement bien loin dans l'intérieur, du moins à en juger par les traces de semblables chemins qu'on rencontre dans bien des endroits près de celui qu'on suit aujourd'hui juqu'à Constantine.

La question sur la navigabilité de la Sébous et sur l'opportunité de construire un port à son embouchure ayant donné lieu à des opinions bien divergentes, quelques mots sur ce sujet seront peut-être à leur place ici.

Le relevé des côtes de l'Algérie et les belles cartes de cette côte, exécutées par M. le capitaine de corvette Bérard, avaient déja signalé l'embouchure de la Sébous comme impraticable aux bâtimens de quelque portée, la barre n'ayant que de 3 à 4 pieds après les grosses pluies et le gonflement des eaux. Une reconnaissance de la rivière, faite tout récemment (1), démontre qu'on ne pourrait naviguer avec des ba-

(1) M. le lieutenant de vaisseau Bonfils, directeur actuel

teaux plats, calant 2 pieds, que jusqu'à la hauteur de Dra'ân. De ce point, jusqu'à plus de sept lieues de l'embouchure, où la reconnaissance fut arrêtée par les rochers, les bancs de sable et de galets, les gués, etc., on n'arrive qu'en traînant l'embarcation par-dessus de nombreux bas-fonds. Quoique la rivière ait une profondeur de 8 à 10 pieds et même davantage depuis la barre jusqu'à l'entrée de la grande Oasis ou grande plaine de Bône, il n'en résulte aucun profit pour la navigation. La Sébous, dans l'état actuel des choses, ne peut que servir d'asile aux bateaux pêcheurs ou aux bâtimens désarmés que des circonstances favorables ont permis de faire arriver dans ses eaux.

Pour obtenir 10 pieds d'eau sur la barre de la Sébous et former un port à l'embouchure de cette rivière, il faudrait faire deux jetées ou môles, se prolongeant vers le N. E. dans un développement d'environ 600 mètres. Mais indépendamment des énormes dépenses qu'entraînerait ce travail, il est certain qu'un port de ce genre serait d'un accès difficile et que son entretien exigerait des frais annuels très considérables; encore ne serait-on pas assuré de pouvoir le garantir contre l'envahissement des sables. Comme port marchand, il offrirait peu d'avantages à la ville et à la forteresse de Bône, vu

du port de Bône, a effectué cette reconnaissance avec une embarcation du brick royal le Dragon.

l'étendue et la nature du terrain qui l'en séparerait.

Si donc on veut faire à Bône un port qui offre des avantages au commerce et aux approvisionnement militaires et de la sûreté aux bâtimens, on ne peut penser à l'établir que par un môle qui s'étendrait de la pointe sous le fort Cicogne, vers le sud et ensuite vers le sud-ouest, à la distance de 3 à 400 mètres. On aurait ainsi 14 pieds d'eau à la tête du môle. Il serait facile ensuite, par une jetée moins forte, se dirigeant de l'ouest à l'est vers la tête du môle, de fermer ce port contre le ressac de la mer et contre les attérissemens de sable que charrient les deux rivières.

La seule inscription recueillie à Bône existe dans une maison appartenant au kaïd Aïn-el-Zergah (1).

## II. DÉPART POUR CONSTANTINE. — ROUTES ROMAINES.

Quoique les opérations militaires de l'expédition de Constantine n'appartiennent pas à cette relation, elles ont été pourtant trop intimement liées avec nos travaux, nos moyens et les résultats de nos recherches pour être passées sous silence. D'un autre côté, nous avons vu les exploits, nous avons par-

(1) A en juger par le surnom de *voluptas*, appliqué à la personne dont parle l'inscription, cette personne était peut-être une courtisane. Si cette conjecture est fondée, la circonstance que l'inscription se trouve dans une maison destinée aux rendez-vous est assez bizarre. V., dans l'appendice, le Rec. d'Inscr., art. Bône, n° 1.

tagé les privations de l'armée pendant les six se-
maines de cette mémorable campagne, et comme
les uns et les autres ont jeté au milieu de nos travaux des distractions pleines d'émotion et d'intérêt,
il est impossible que nos souvenirs n'en soient pas
préoccupés.

Le gouverneur-général et son état-major partirent
de Bône le 25 septembre : ils se rendirent en deux
jours au camp de Mdjez-A'mâr; S. A. R. Monseigneur
le duc de Nemours les suivit le lendemain ; c'était le
jour où se mit en marche le grand convoi de toute
l'artillerie de siège. Munitions, train d'artillerie et
de génie, approvisionnemens, ambulances et train
de l'intendance (qui, quoique le dernier, n'était pas
le moins considérable), tout cela ne formait pas
moins de 450 attelages traînés par 2,600 chevaux.
On l'appelait « convoi monstre! » On aurait dit que
tout cet attirail était beaucoup trop considérable;
cependant il fut à peine suffisant !

Notre projet d'étudier aussi complétement que
possible le pays que nous allions traverser, et la nature de nos bagages, dont nous ne pouvions nous
écarter (1), nous engagèrent à suivre l'immense

(1) Les instrumens que nous avions avec nous en partant
de Bône étaient un chronomètre de poche, un instrument
universel, un sextant de poche, un horizon artificiel, un
baromètre : c'étaient les seuls instrumens de ce genre qui se
trouvassent dans l'armée. Nous avions de plus deux bous-
soles de poche, un petit instrument de nivellement, deux

convoi, qui mit quatre jours pour aller de Bône à Mdjez-A'mâr. Les capitaines d'état-major Saint-Hippolyte et Prébois, chargés dans cette campagne, comme dans celle de l'année passée, du travail topographique, étaient nos compagnons de voyage dans cette vie de campement à la belle étoile. La communauté de nos travaux, l'agrément de leur société, l'assistance et les soins qu'ils nous prodiguaient et que nous cherchions à leur rendre, furent, pendant toute la durée de l'expédition, une source de plaisir et de satisfaction réciproques.

La grande route que suivit l'armée jusqu'à Mdjez-A'mâr a été tracée par le génie militaire et exécutée par l'armée. Cette communication, d'une incontestable utilité pour le commerce, est encore remarquable par la promptitude avec laquelle on l'a terminée. On y mit la main au printemps de l'année 1837 et dans le mois de septembre de la même année cette route, qui durera très long-temps, était achevée depuis Bône jusqu'à Râs-el-A'qbâh.

Les Romains avaient tracé deux chemins d'Hippône dans l'intérieur. Celui qui prenait la direction la plus rapprochée de la grande route d'aujourd'hui laissait à sa droite le pont sur la Boudjimah, arrivait directement sur la colline de Dra'ân et se prolon-

thermomètres, une montre à secondes, une longue-vue. etc., 15 volumes de livres divers et tout l'attirail nécessaire pour le dessin graphique et de paysage.

geait ensuite jusqu'à Qalmah , en passant par As-
kurus et Aquæ Tibilitanæ. Cette route avait un em-
branchement vers la droite qui traversait le pont
susmentionné, longeait le rivage sud du lac Fezâ-
rah et, se dirigeant sur Rusicada, évitait ainsi,
quoique par un détour, le terrain montagneux de
la chaîne Idough. Le chemin de l'est avait deux
branches après le passage de la Sébous ; l'une continuait le long de la côte par « ad Dianam » jusqu'à
Hippo Zarytus ( Bizerte ), et l'autre, suivant les
rives du Mafraq, s'embranchait ensuite à gauche
vers Bulla Regia, à droite vers Tagaste.

Pendant notre marche jusqu'à Constantine et au
retour, nous vîmes beaucoup de traces et de restes de
stations romaines. Il serait superflu de les mentionner chacune séparément, nous nous bornerons à dire
qu'elles sont très nombreuses. La plupart présentent
un carré ayant de 6 à 8 mètres de côté dans l'intérieur. Les murs se composent d'un double rang de
pierres taillées, de o m. 5o c. de grosseur et présentent par conséquent l'épaisseur d'un mètre. D'autres ruines, moins nombreuses, sont d'une dimension
et d'une étendue bien plus considérables; c'étaient
les véritables établissemens, les bourgs fortifiés. Les
carrés ou les tours qu'on vient de mentionner formaient les vigies, les avant-postes de ces bourgs,
qui étaient probablement au centre de la propriété.

Le nombre et la situation de ces ruines nous permettent de former une conjecture assez juste peut-

être sur la manière adoptée par les Romains pour assurer et coloniser leurs possessions d'Afrique, conquises avec autant de persévérance que de difficulté.

Le sujet est d'un vif intérêt par son rapport immédiat avec l'état actuel des choses, et, nous l'espérons, avec le bien-être futur des possessions françaises de l'Algérie. La conquête d'un pays ne présente pas, pour une nation brave et aguerrie, les mêmes difficultés que sa colonisation définitive et bien réglée. Sans entrer dans les détails d'une si grave et si importante question, nous montrerons combien les méthodes suivies par les anciens conquérans du monde méritent l'attention des hommes d'état à qui est confié l'avenir d'une des parties les plus belles et les plus fertiles du globe.

Le premier pas à faire pour civiliser un pays barbare ou pour assurer la possession d'un pays conquis est l'établissement de bonnes routes, exécutées de manière à maintenir la soumission de la contrée et à faciliter le transport de ses productions. Les Romains étaient tout entiers à cette idée, et de nos jours nous voyons encore avec étonnement les traces nombreuses de leurs routes, construites avec une solidité et une énormité de dépense qui prouvent clairement leur ferme volonté de se maintenir dans les pays conquis par leurs armes. Nulle part peut-être ce principe de leur politique n'est mieux développé qu'en Barbarie. Nous invoquons le témoignage de l'Itinéraire d'Antonin, de la Table de Peutinger, des anciens auteurs et finalement de tous les voyageurs modernes qui ont traversé le pays. Les Romains ne se contentaient pas de construire des chemins, mais, par un enchaînement de stations militaires le long des routes, ils assuraient à leurs faibles détache-mens de troupes, aux commerçans et aux voyageurs une parfaite sécurité.

La création et la garde de ces routes, quoiqu'elles offrissent de grandes garanties aux hommes entre-prenans qui abandonnaient la mère-patrie pour chercher fortune en Afrique, n'étaient pas les seules mesures adoptées pour la colonisation. On en prit d'autres propres à assurer de plus en plus la pos-session du sol nouvellement acquis, non seulement par l'action du gouvernement, mais encore par les colons eux-mêmes.

On construisit, au beau milieu du pays et loin des routes, ces bourgs fortifiés ( mansiones, statio-nes) que nous avons désignés. Les colons des envi-rons, ainsi que les indigènes laboureurs, groupaient leurs habitations autour des bourgs, et ainsi se for-mèrent des villages et même des villes. Les limites des territoires cultivés à l'entour étaient surveillées par les tours de garde. Celles-ci, ainsi que le bourg qui formait le centre du district, étaient défendues par les colons, organisés, pour cet objet, en une es-pèce de garde nationale. Tandis que le gouverne-ment accordait à certaines stations une protection plus générale, plus efficace, en y établissant des corps

de l'armée régulière, il laissait cependant la défense
des anneaux intermédiaires de cette grande chaîne
à ceux qui y avaient le plus grand intérêt, les propriétaires et les cultivateurs du sol, et se dispensait
ainsi de la dépense ruineuse d'une nombreuse armée
coloniale.

Ce n'était pas tout. Le soldat romain envoyé en
Afrique ne se voyait pas alors, comme de nos jours,
après sept années de travaux et de combats également dangereux pour son existence, obligé de ren-
trer dans ses foyers, aussi pauvre et moins robuste
qu'il n'en était sorti. S'il voulait rester dans le pays
qu'il avait aidé à conquérir, on lui en facilitait les
moyens. On lui accordait assez de terrain pour suf-
fire à son entretien et à celui d'une nombreuse famille; il devenait le véritable soldat laboureur,
l'intelligent défenseur de la propriété acquise au
prix de son sang, et qu'il devait chérir à proportion de ce qu'elle lui avait coûté. Lorsqu'après des
marches pénibles à travers un pays inculte mais
fertile, entouré de populations tout aussi rebelles à
la civilisation que celles qui l'habitent aujourd'hui,
le soldat avait rempli sa tâche, une philantropie
mal entendue pour un peuple qui ne connaissait
cette vertu ni de nom ni de fait, ne forçait pas le
général ou l'officier romain à être dur, injuste envers son inférieur, dans la crainte des on dit du
Forum ou de la tribune. Lorsqu'après deux mois
d'un bivouac mortel, lorsqu'après un siège des

plus laborieux et un assaut des plus meurtriers, le soldat romain s'était emparé d'une couverture ou d'un manteau pour se préserver du froid de la nuit, il ne risquait pas que, le lendemain de sa victoire, ses chefs lui fissent déposer son faible butin aux postes placés exprès aux portes de la ville; et pourquoi? pour le rendre aux indigènes, à des ennemis acharnés, qui auraient saisi la première occasion d'égorger le soldat dont la modération, l'humanité, la discipline les avaient sauvés d'un ressentiment bien légitime au moment même de l'assaut.

Le soldat romain ne risquait pas non plus que les commerçans des ports de mer de ce vaste empire envoyassent des armes à ses ennemis pour le combattre. Il y avait un certain esprit de patriotisme, un certain respect pour soi-même, dans ces temps de bon ordre, qui auraient fait reculer la pensée devant une pareille spéculation mercantile. En un mot, le soldat romain n'avait à combattre que les ennemis de Rome et leurs alliés; naguères il n'en était pas ainsi en Afrique (1).

(1) Pendant le siége de Constantine l'armée était généralement d'opinion que les munitions de guerre des assiégés étaient de provenance anglaise, expédiées par la voie de Tunis. La ville prise, nous ne fûmes pas peu surpris de trouver, dans la maison même que nous habitâmes, des enveloppes de poudre française ainsi étiquetées : *Poudre de chasse à 6 fr. 5o c. le kilogr. — Poudrerie royale de St-Chamas,*

En faisant ces observations, nous ne nous éten-
drons pas sur ce que nous supposons avoir été le
système romain. Nous parlons avec confiance de ce
que nous avons vu; nous avons vu les routes romaines, les bourgs et les tours qui ont existé sur
leurs bords. Nous avons traversé une partie du pays
où l'œil n'aperçoit aucune trace de route, et cependant nous avons reconnu les stations romaines, en-
tourées de leurs chaînes de vigies.

Nous savons par l'histoire, et les ruines des nombreuses villes l'attestent suffisamment, jusqu'à quel
point les Romains réussirent à maîtriser et à civiliser le pays, et cependant ils avaient à combattre des

*Marseille.* Nous portâmes ces cartouches au quartier-
général, sous les yeux même de l'état-major. On ne
nous en fit pas voir avec le timbre d'un autre pays.
De retour à Tunis, nous avons pris des informations sur
les armes et les munitions de guerre arrivées dans le
courant de l'année. Sur quinze bâtimens qui en avaient
apporté, un était venu de Livourne, un de Trieste,
un de Malte et 12 de Marseille. Un vaisseau, dernière-
ment arrivé de cette ville, avait apporté six caisses d'armes
qui avaient été débarquées et emmagasinées à Tunis;
le consignataire de ces six caisses les fit rembarquer pour
Marseille en apprenant la prise de Constantine. Quant à la
poudre, l'entrée en est prohibée à Tunis; ainsi celle qui
a été transportée à Constantine a dû être débarquée en con-
trebande, à moins qu'apportée à Bône, elle n'ait été clan-
destinement expédiée pour l'intérieur à l'insu des autorités
civiles et militaires.

peuples tout aussi sauvages, tout aussi féroces, tout aussi braves à leur manière que les races qui l'habitent aujourd'hui. Si l'on doit accorder la préférence au système romain, ou à tout autre, c'est un point de discussion sur lequel nous ne nous aventurons pas : mais il faut adopter sans retard un plan fixe et invariable. Dans l'Inde, avec des difficultés bien plus grandes et sous un climat bien plus fatigant, 8,000 soldats anglais commandent en.maîtres sur 90 millions d'habitans. Les Américains des Etats-Unis, très peu enthousiastes pour leurs soldats, leur accordent des terrains très étendus après certaines années de service, et les colonies militaires russes, fondées sur les bases principales des anciennes demeures militaires de la Suède, offrent, pour l'établissement d'un bon système de colonisation militaire, des ressources trop évidentes pour qu'il soit besoin d'en détailler longuement les avantages. Quant à la colonisation par des particuliers, nous croyons qu'elle ne se fera pas attendre aussitôt qu'on aura vu le gouvernement s'asseoir d'une manière définitive dans le pays. Alors les colons se porteront en Afrique en masses assez considérables et avec des moyens d'exploitation suffisans.

### III. DE BÔNE A QALMAH.

Le camp retranché de Dra'ân, situé à 4 lieues et demie de Bône, sur le mamelon le plus oriental

d'une chaîne de collines qui court de l'ouest à l'est,
fut construit, en 1836, par M. J. Prébois, capitaine
d'état-major. Cette position commande toute la
plaine de la Sébous et de la Méboudjah. A trois
lieues de Bône, près du gué de la Méboudjah, où
passe le chemin des caravanes, on voit, au pied des
collines, les ruines d'un édifice du bas-empire appelé
par les habitans le château d'Askander. La position
de cet édifice conviendrait assez bien à la « Plumba-
ria ou Plumbana » de l'Itinéraire.

A moins d'une lieue au sud de Dra'ân, la plaine
de la Sébous finit et l'on continue la route entre les
montagnes, dont les plus escarpées sont vers l'ouest.
Dans un endroit où le petit ruisseau de Meia Berda'
serpente entre des gorges de rochers couvertes de
broussailles, et sur le sentier qui fait le prolongement du chemin des caravanes, on remarque treize
pierres sépulcrales : ce sont les tombeaux de treize
personnes qui ont été la proie des lions. Les montagnes de Hadjar-el-Nahalah et de Drâa'-el-Ahasé
à droite de la route, celles de Djehel-el-Oust et de
Byr-Ouâla' à gauche, ont été remplies de lions jusqu'après l'occupation française. Depuis, des chasses
fréquentes entreprises, quelquefois par les Euro-
péens, qui n'y cherchaient qu'un divertissement,
plus souvent par les habitans, auxquels on achetait
à haut prix les peaux qu'ils pouvaient se procurer,
ont diminué le nombre de ces terribles animaux. Ils
se sont retirés dans des montagnes plus éloignées,
où on ne va pas les inquiéter.

Avant d'arriver au camp de Neschmeiah, on traverse le ruisseau d'Askour. Les ruines de cette
petite ville romaine se trouvent à gauche de Neschmeiah à la distance de 2 milles et demi environ.
Nous fûmes obligés de renoncer à les visiter.

Déja ici les Arabes infestaient la contrée de leurs
brigandages et de leurs meurtres. Quelque temps
auparavant, et pendant la nuit, ils avaient volé
deux chevaux appartenant au train. Plus tard, dans
une nouvelle tentative, ils furent aperçus et on
leur tua un homme sous les remparts de Neschmeiah. Ils s'en vengèrent en égorgeant un militaire
qui, de nuit, s'était aventuré hors de la redoute de
Hammâm-el-Berda' pour aller puiser de l'eau à la
source, éloignée seulement d'environ 3oo pas. Cet
état de choses, existant dans les contrées occupées
par les Français, ne faisait qu'empirer à mesure
qu'on s'avançait dans le pays. A partir de Mdjez-
A'mâr, de petits groupes de cavaliers arabes sui-
vaient l'armée à droite et à gauche du chemin, sur
les sommités des collines. Comme des oiseaux de
proie, ils étaient prêts à fondre sur quiconque ose-
rait s'isoler du gros de l'armée; comme eux, ils
fuyaient dès qu'on faisait mine d'aller à leur rencontre. Tels étaient l'ordre et la vigilance dans l'armée,
qu'on n'abandonna pas même une mule ou un chien
pendant toute la marche jusqu'à Constantine. Ceci
prouve aussi la discipline sévère à laquelle chacun
était soumis, et explique pourquoi il fallut renoncer

à visiter tout ce qui ne se trouvait pas rapproché de la grande route que suivait le corps expédition-naire.

Au pied de la redoute de Hammâm-el-Berda' est située la source thermale du même nom. Elle jaillit du rocher par un trou qui permet d'y enfoncer le bras dans une direction horizontale. Les débris qu'un de nous a pû arracher des parois de ce trou semblent indiquer que la source, jaillissant d'un endroit plus profondément caché dans la colline, a été anciennement resserrée par un petit canal muré jusqu'à l'endroit où l'eau s'échappe dans un petit bassin ovale d'environ 16 pieds sur 10, et se verse de là dans un réservoir plus grand, maintenant détruit, couvert d'arbrisseaux et de plantes, mais dont on peut encore reconnaître la forme. Il est également ovale, construit en grosses pierres de taille dans le sens opposé du petit bassin, sur une longueur de 100 pieds environ et une largeur de 70. Le petit bassin a été anciennement recouvert d'une voûte. Le thermomètre centigrade, plongé à 3 pieds au-dessous de la surface de l'eau, dans les endroits même où les veines de la source remuaient les sables du fond du petit bassin, ainsi que dans le canal même de la source principale, donnait constamment de 29° 50 à 29° 70 de chaleur. Les nombreuses ruines semées sur toute la pente est de la colline prouvent jusqu'à quel point cet endroit a été, sinon peuplé, du moins fréquenté dans les anciens temps. Nous y trouvâmes deux inscriptions sépulcrales de peu d'intérêt.

L'eau, en s'échappant du grand bassin, forme un ruisseau qui se réunit à la petite rivière de Hammâm-el-Berda'; celle-ci, prenant son origine à la montagne Fedjoudji, serpente, en suivant la route de Qalmah, jusqu'à ce qu'elle se jette dans la Sébous, qui n'est éloignée de cette ville que de 5 milles au plus.

Depuis Bône, le pays offre presque partout des plaines, des vallons et des coteaux fertiles, propres à la culture des céréales et de la vigne. Mais c'est surtout lorsqu'en quittant Hammâm-el-Berda', l'on descend dans la vallée de la Sébous que le pays présente un aspect tout-à-fait pittoresque et les symptômes d'une admirable fertilité. Les montagnes environnantes sont couvertes, jusqu'à leur sommet d'oliviers sauvages, de chênes, de lièges, de frênes, etc. Les nombreuses ruines éparses dans le fond de la vallée prouvent jusqu'à quel point cette contrée a été anciennement remplie de maisons de campagne, de bourgs et d'autres habitations. Cette physionomie particulière se développe toujours davantage jusqu'au-delà de Mdjez-A'mâr, qui possède aussi sa ruine d'un château ou d'un bourg romain tout comme les autres points d'un site convenable. Près du Râs-el-A'qbâh, l'emplacement des ruines d'A'nnounah est le dernier point qui présente une position riante et fertile.

Un passage de Salluste (1) a induit quelques personnes à supposer que l'Afrique septentrionale n'avait jamais eu de forêts; nous sommes cependant persuadés du contraire. L'expression « *arbori infœcundus* » est plutôt applicable à l'Afrique en général, à ses déserts de sable, qu'à la Barbarie en particulier. Le même auteur nous raconte en effet (2) que Jugurtha fit répandre le bruit parmi les Romains qu'il errait avec son armée « *per saltuosa loca;* » ce qu'il n'aurait pu faire s'il n'y avait pas eu des endroits boisés. Et comment pourrait-on se rendre compte de la présence de tant d'éléphans au sein des armées africaines, dans un pays entièrement dépourvu de bois, quand on sait que ces animaux ne peuvent vivre que dans les forêts?

Il existe encore des bois sur le sol africain, dans la contrée que nous avons désignée plus haut et ailleurs. Il n'est certes pas douteux que les forêts n'y aient été plus nombreuses, plus étendues dans l'antiquité; mais ce n'est pas à la nature du sol ou du climat, c'est à l'imprévoyance des Arabes et aux dévastations de leurs troupeaux qu'on en doit attribuer la diminution.

### IV. DE QALMAH A A'NNOUNAH.

Nous passâmes à Qalmah dans la matinée du

(1) Bellum Jugurthinum, c. 20, ed. Haverc.
(2) Ibid. 42.

29 septembre, regrettant de ne pouvoir donner plus de temps à l'examen d'un endroit qui le mérite à bien des titres.

La bienveillante complaisance du capitaine de génie Hackett nous tint lieu cependant de bien des recherches. Cet officier, aussi instruit que modeste et brave, et dont nous eûmes à regretter la mort prématurée dans l'assaut de Constantine, avait employé beaucoup de temps à déchiffrer et à copier toutes les inscriptions qui se trouvent à Qalmah et dont plusieurs avaient été publiées d'une manière inexacte. Son carnet contenait des renseignemens sur toutes les antiquités de la ville. Et quant il nous offrit de copier tout cela lorsque nous nous retrouverions avec plus de loisir à Constantine, nous ne pensions pas que son corps inanimé serait le premier objet qui frapperait nos regards dans la ville conquise.

Cet officier nous assura que, pendant la construction des baraques et la restauration des anciens murs de la ville, beaucoup d'inscriptions lapidaires avaient été ensevelies dans les bâtisses, sans qu'on se fût même donné le temps de les copier toutes avant de les murer de nouveau. Il nous dit que quelques amateurs d'antiquités avaient emporté avec eux en France deux inscriptions qu'il croyait puniques. Les seuls monumens de ce genre dont nous ayons eu connaissance, se trouvent figurés dans la planche ci-jointe (1). Nous croyons reconnaître dans cette tête les traits d'un ancien Numide, du moins c'est l'opinion que nous avons dû adopter après avoir comparé ce dessin avec quelques autres trouvés sur des monumens de même nature (2). Quant à l'inscription, ce ne serait qu'après avoir pu examiner l'original ou au moins un calque bien fidèle, que nous oserions formuler un avis sur la valeur des lettres dont l'assemblage et le sens sont encore une énigme pour les savans.

Qalmah était évidemment d'une importance et d'une étendue considérables dans le temps du haut-empire romain. A une époque plus rapprochée, ses fortifications furent reconstruites sur un plan plus restreint. Cette reconstruction est signalée par une des inscriptions recueillies à Qalmah. Le style et les caractères de cette inscription, le nom de Salomon qui s'y trouve, le mode de bâtisse employé dans les murailles de la ville qui subsistent encore en partie avec leurs treize tours, tout nous porte à croire que la deuxième enceinte de Qalmah a été élevée dans le sixième siècle de notre ère (3).

(1) C'est à M. Delcampe, capitaine d'état-major, que nous sommes redevables des copies de ces deux monumens puniques. Son carnet nous a permis aussi de vérifier beaucoup d'inscriptions de Qalmah, dont les copies nous avaient été communiquées par M. le capitaine du génie Maugay.

(2) Par exemple, les cippes de Leyde.

(3) M. Hase, qui a restitué et expliqué cette inscription,

La relation qu'on lit dans Salluste (1) de la dé-
faite d'Aulus Posthumius par Jugurtha dans le voisinage de Suthul, le récit que fait Orose (2) du
même événement, qu'il place près de Calama, ont naturellement fait supposer que ces deux noms, Suthul
et Calama, désignaient une même ville. Existe-t-il
des renseignemens récens ou des motifs fondés
pour douter de cette synonymie, comme l'ont fait
plusieurs personnes qui n'ont pu concilier la position du Qalmah actuel (le Calama d'Orose) avec la
description topographique que Salluste nous a
transmise de Suthul? Il nous dit que cette ville ne
pouvait être ni prise, ni assiégée; car, indépendamment de la défense des murs qui l'environnaient, la ville était construite à l'extrémité (*in
extremo*) d'une montagne escarpée, tandis que les
pluies de l'hiver faisaient un étang de la plaine
marécageuse. Voilà, il faut l'avouer, des conditions peu favorables aux opérations d'une armée
assiégeante; mais ce n'est pas la question qui
doit nous occuper ici. Nous avons seulement à examiner si cette description de l'emplacement de Suthul peut s'appliquer à la position de Qalmah; et
en essayant de le faire, nous voyons que la difficulté

assigne à la reconstruction des murs de Qalmah la date de
540. Voy. *Journal des Savans*, année 1837, p. 718, 719;
voy. aussi notre *Append.*, p. 13, n° 34.   *Note des éditeurs.*
(1) Bell. Jug. 41.
(2) Liv. V, c. 15.

principale consiste à donner une exacte interpréta-
tion au mot « *extremo* » ( *« situm in prærupti montis
extremo* (1) »). Cela peut s'interpréter soit par l'extrême point en élévation, soit par le point de la
base le plus éloigné du centre. Le *« præruptus mons »*
décrit exactement la montagne, appelée par les
Arabes Serdj-el-A'oudâ, au pied de laquelle Qalmah
est situé; mais si l'expression *extremo* doit être
appliquée de manière à placer Suthul au sommet du
mont (ce qui est difficile à croire), alors il est évident que Suthul et Qalmah ne sont pas synonymes.
Si au contraire Salluste a voulu dire que la ville
était située à l'extrémité latérale, la synonymie en
question est exacte, car les ruines de Calama se
trouvent sur l'extrémité d'un des derniers contre-
forts de la montagne de Serdj-el-A'oudâ, à la base
de laquelle coule la Sébous (2). La plaine maréca-

(1) Sall. l. c.

(2) M. Dureau de la Malle est le premier qui ait mis en
avant la synonymie de *Suthul* et de *Calama*. Dans son ouvrage intitulé *Province de Constantine*, p. 29, il n'a basé
son opinion que sur le rapprochement des deux passages
de Salluste et d'Orose. Mais dans un mémoire encore inédit
sur les *moyens employés par les Romains pour la conquête et
la colonisation de l'Afrique septentrionale*, il a discuté la
question des circonstances du terrain, et les résultats auxquels il a été conduit n'ont fait que le confirmer dans sa
première opinion. Ce serait en effet une locution peu usitée
que celle de *in extremo montis* pour désigner le sommet de
la montagne. Il est bien plus naturel de traduire mot à

geuse qui, dans les temps de pluie, était changée en étang, existe toujours. Nous l'avons traversée à cheval dans une grande partie de sa longueur, en remontant la Sébous pour rejoindre la colonne de l'armée sur la grande route vers Mdjez-A'mâr ; et quoique nous ne fussions pas encore dans la saison des pluies, que les eaux de la rivière fussent bien basses, et que la plaine, par conséquent, fût bien sèche, nous vîmes les traces et les preuves les plus évidentes des inondations auxquelles elle est sujette. La qualité alluviale du sol même, les masses de terre, de gravier, de plantes déracinées et de branches qui avaient été arrêtées dans leur course et ramassées contre les arbres et les buissons, jointes à la hauteur bien vérifiée à laquelle la Sébous roule ses eaux turbulentes pendant la saison pluvieuse, démontrent clairement que toute cette plaine est inondée en hiver. Qu'on se rappelle qu'Aulus marchait contre Suthul dans le mois de janvier.

Supposé que les noms de «Calama» et de «Suthul» s'appliquassent à la même ville, le dernier a été le nom numidique : peut-être pourra-t-on rencontrer cette dénomination parmi les inscriptions écrites en cette langue, qui ne manqueront pas à la recherche des antiquaires.

mot par *extrémité* et de l'entendre du dernier contrefort de la montagne. Cette explication est d'autant plus plausible que quelques manuscrits de Salluste portent : *in extremo* MARGINE *montis.*                    *Note des éditeurs.*

A en juger par le fait que Jugurtha avait renfermé ses trésors à Suthul, cette ville a dû être une place importante. Aussi avons-nous trouvé des ruines bien plus étendues que celles qui ont appartenu à la ville de Calama, mentionnée par Orose, telle qu'elle était selon les inscriptions même que nous y avons recueillies. Il est à regretter que les deux seuls auteurs qui font mention de cette ville numide en aient parlé aussi brièvement.

Les ruines d'A'nnounah furent parcourues par un de nous (1) au retour de l'expédition. Elles sont situées sur le versant nord de Râs-el-A'qbâh, à deux milles de distance de la grande route. Les circonstances ne nous permirent pas, pendant la marche de l'armée sur Constantine, de demander une escorte pour nous y conduire ; et si nous l'eussions fait, on aurait eu grande raison de nous la refuser, vu que la cavalerie d'Ahmed-Bey rôdait dans les environs, et que le moment aurait été mal choisi pour des escarmouches superflues. Au retour, nous étions convenus qu'un de nous se rendrait avec les éclaireurs de l'armée jusqu'à Mdjez-A'mâr, afin de s'y procurer les moyens de visiter Hammâm-el-Meskhoutyn que nous avions également dû renoncer à voir avant le départ pour Constantine, tandis que l'autre se joindrait aux amateurs et à une faible escorte pour examiner à son aise les ruines d'A'nnounah. Mais

(1) Sir Grenville Temple.

comme, au moment de l'exécution, il n'y eut ni escorte, ni amateurs qui voulussent s'y aventurer sans escorte, il fallut ou renoncer à cette excursion, ou l'entreprendre seul. Le dernier parti pris, il fallait faire cette reconnaissance et dessiner les antiquités sans descendre de cheval. Si l'on eût mis pied à terre pour copier des inscriptions (1), les Arabes, qui n'étaient pas loin et qui peut-être n'attendaient que cela pour surprendre le voyageur isolé, auraient eu trop beau jeu ; ce qu'on n'était pas disposé à leur accorder. L'escorte pour Hammâm-el-Meskhoutyn, promise au capitaine du génie Mangay pour le lendemain matin, nous manqua également ; de manière qu'une excursion dans des lieux si intéressans, si uniques dans leur genre, différée avant la marche sur Constantine par des motifs de justes convenances, devint tout-à-fait impossible. Cette circonstance affligeante pour nous, épargnera du reste à ceux de nos lecteurs qui connaissent la description de ces eaux thermales publiée dans les journaux, la répétition de quelques détails qui n'auraient plus pour eux le mérite de la nouveauté. Quant à ceux qui ne connaissent pas encore ces curieuses sources, nous les renvoyons aux journaux dont nous venons de parler (2).

(1) Celles que nous avons sur A'nnounah nous ont été fournies par M. le capitaine Foy, qui a fait le relevé d'A'nnounah par ordre de feu M. le général Damrémont.

(2) Moniteur algérien du 15 et du 23 septembre 1837, art.

Les ruines d'A'nnounah gisent sur un plateau qui domine Mdjez-A'mâr et la vallée de la Sébous vers le nord, et dont les côtés assez abruptes permettent à la vue de s'étendre, vers le sud, jusqu'aux cimes de Râs-el-A'qbâh et de la montagne Kesâdah. La citadelle de la ville était placée sur ce plateau. Si les savans décident qu'il faut absolument placer Suthul à la cime d'une montagne escarpée, nous leur signalons A'nnounah comme un endroit qui remplit parfaitement cette condition ; mais il faudrait alors écarter la circonstance positive de la plaine marécageuse aux environs de Suthul, qui manque ici entièrement. A'nnounah n'a pas offert jusqu'à présent d'inscriptions qui révèlent son ancien nom. Celle qu'on a trouvée à El-Qantarah de Râs-el-A'qbâh, se réfère probablement à une « ANNONA », distribuée aux légionnaires et à la milice : mais la ville n'a pu devoir son nom à une circonstance aussi futile, consignée sur un monument si grossier. Un autre indice sur le nom de la ville est tiré des ruines de Qalmah. C'est le fragment d'une inscription lapidaire qu'on y trouva l'année dernière qui porte le mot ANNVVINA (1).

de M. Ch. Maugay, capitaine du génie. — Voy. aussi M. Dureau de la Malle, *Province de Constantine*, pag. 125 et suiv. *Peyssonnel et Desfontaines*, t. I, p. 308 et suiv.

*Note des éditeurs.*

(1) Nous l'avons copié d'après le dessin de M. Desvoisin, fait à l'époque de la première expédition de Constantine.

Nous citons seulement ces deux faits, sans en déduire aucune opinion arrêtée, quoique souvent on en ait bâti sur des fondemens aussi peu solides. Le nom arabe actuel signifie « *un bassin entouré de collines escarpées*, » et l'on voit, tout près des ruines, un joli petit lac, bordé d'arbres et de buissons, resserré de tous les côtés par les flancs rocailleux et roides de hautes montagnes (1). Les eaux limpides qui s'échappent de ce petit réservoir se joignent au ruisseau qui vient des ravins plus élevés du Râs-el-A'qbâh, et forment la petite rivière d'A'nnounah, qui se verse dans le Ouady-el-Schârf.

La superficie tout entière de l'ancienne ville est parsemée de blocs de pierres sculptés ou écrits, et occupée par plusieurs ruines d'édifices dont quelques-unes ne sont point sans intérêt. Nous avons dessiné les plus remarquables, entre autres : les restes d'une église chrétienne, grossièrement construite avec les matériaux d'un édifice plus ancien. Dans l'intérieur, derrière les parois de l'entrée, sont deux colonnes corinthiennes. On trouve beaucoup d'inscriptions à A'nnounah, presque toutes sépulcrales et de peu d'intérêt. On distingue encore parfaitement la direction de plusieurs rues : l'une

M. Desvoisin faisait également partie de la dernière expédition.

(1) Peut-on supposer que le nom romain de la ville ait été reproduit dans l'appellation actuelle ?

d'elles, le long de laquelle on voit beaucoup d'inscriptions sépulcrales, traversait probablement la nécropole.

Qalmah et A'nnounah sont deux villes qui offrent
un vaste champ aux recherches des militaires français qui, appelés à servir dans ces contrées, voudront s'y livrer à l'étude des antiquités. Ce qu'on a
déja tiré des ruines de Qalmah, dont nous avons
copié les inscriptions, prouve quelle riche récolte
on serait en droit d'espérer de fouilles exécutées à
A'nnounah. Quand on aura travaillé dans cette dernière ville aussi long-temps qu'on l'a fait dans la
première, des résultats intéressans et importans
seront certainement le fruit des peines qu'on aura
bien voulu se donner.

### V. D'A'NNOUNAH A CONSTANTINE.

A partir du versant nord de Râs-el-A'qbâh, le
pays change d'aspect. Les montagnes, entièrement
pelées, sont d'une monotonie désolante ; les collines
inférieures et les vallées sont également dépourvues
d'arbres et même de broussailles. Les terres d'allu-
vion qui couvrent le sol, le résidu soit de l'ardoise,
soit surtout de la pierre calcaire, seuls élémens qui
entrent dans la composition des rochers de ces contrées, soit enfin les couches argileuses qui recou-
vrent la terre en bien des endroits, la rendent partout arable et propre à la culture. Ces terres,

lorsqu'elles sont en friche, ne produisent d'autres plantes que le chardon. A partir des environs d'A'nnounah jusqu'au-delà de Constantine, il n'existe qu'une seule touffe d'arbres; c'est au pied de la montagne Enzel, située à gauche (au sud-est) et dominant une grande partie de la route le long de la rivière El-Zénaty.

En descendant le col de Râs-el-A'qbâh, vers la rivière Zénaty, les pentes du chemin sont plus roides que sur l'autre versant : le prolongement de la grande route y remédiera bientôt. Cet obstacle n'arrêta cependant aucunement le transport de l'artillerie de siége. Les charrois et les attelages de ces grosses pièces étaient si bien installés, qu'elles traversaient les ravins et les gués avec autant de facilité que le reste du train et des équipages. Toute cette route, jusqu'à une portée de canon de Constantine, ne présente plus ni escarpement ni ravin difficiles à franchir, excepté pendant les grosses pluies, quand le gonflement des rivières et la rapidité des eaux peuvent rendre le passage des gués dangereux.

A partir du pont sur la Sébous jusqu'à Mdjez-A'mâr, on s'élève de 588 mètres pour traverser le col de Râs-el-A'qbâh, situé à 829 mètres au-dessus du niveau de la mer, et on plonge de 198 mètres en descendant jusqu'au gué de la rivière Zénaty, près du sanctuaire de Sydy-Ebn-Temtâm. Cette construction est remarquable soit parce qu'elle est le seul édifice qui existe dans les 40 lieues de route entre Bône et Constantine (1), soit parce qu'elle est la première qu'on trouve couverte d'un toit en tuiles, posé sur des lattes et des cannes de roseaux. Ce genre de construction remplace, à Constantine et dans plusieurs villes des montagnes, les terrasses plates qui sont le type distinctif des autres villes de la Barbarie.

Le chemin, en suivant la rivière Zénaty, monte jusque vers le point où le ruisseau Ouady-el-Boqrah s'y jette. On voit les ruines d'un bourg romain considérable auprès du confluent de ces deux rivières, sur la rive gauche de la Zénaty (2). Nous

(1) Les autres édifices que l'on voit, à une distance de plusieurs milles de la route, sont également des sanctuaires. Ils sont au nombre de trois, Sydy Dendân, à l'est de Dra'ân, Sydy Ahmydah, au sud de Dra'ân, et Sydy A'mour, à l'est de Neschmeiah.

(2) Dans la carte d'une partie de la province de Constantine, publiée par le dépôt de la guerre, la Zénaty se dirige vers le nord près de Sydy Temtâm et se réunit à la Sébous, au nord-ouest de la montagne Kesâdah. Ce tracé diffère des renseignemens qui nous ont été donnés par les habitans du pays ; ils assurent que la Zénaty va se joindre aux rivières qui se jettent dans le golfe de Stora. Une circonstance qui semble venir à l'appui de cette opinion est l'énorme différence qui existe entre le niveau de la Zénaty et celui de la Sébous. En effet, la première n'a que 192 mètres de pente depuis le gué de Ouady Boqrah, l'un des sept ruisseaux qui forment la Zénaty, jusqu'à Sydy Temtâm ; et dans une distance moins grande d'un tiers, c'est-à-dire depuis Sydy Temtâm jusqu'au point de réunion avec la Sébous, il fau-

eûmes occasion d'observer leur latitude, qui était de
56° 12′. La Zénaty, prenant sa source dans la montagne Abou-Ghâreb, à l'ouest-nord-ouest des ruines
sus mentionnées, se dirige ici à la droite du chemin
de Constantine, qui, en se prolongeant à peu près
vers l'ouest-sud-ouest, traverse le gué du Ouady-
el-Boqrah à une demi-lieue plus loin.

A l'approche de l'armée qui campa près de ce
gué, la cavalerie d'Ahmed-Bey mit le feu aux
douars Amlâoui et Rethbet-Ben-A'oun, situés à
gauche et à droite de la route, à la distance de
deux milles environ. Les chasseurs à cheval et les
spahis sauvèrent une partie des fourrages qu'on
voulait détruire.

Une vaste plaine, légèrement ondulée, forme le
col de partage entre les rivières qui coulent vers le
nord-est, et celles qui descendent vers Constantine
dans une direction nord-ouest. Auprès de l'endroit
où le chemin traverse ce col, se trouve une montagne isolée de forme conique, appelée Am-el-Setâs.
Il devint important, pour lier le réseau de triangles
des environs de Râs-el-A'qbâh et de Mdjez-A'mâr
avec celui qu'on devait projeter vers Constantine,
de se porter au sommet de cette montagne. Escortés
par un détachement de soaves et de quelques
spahis, nous nous y rendîmes avec les officiers de la

drait que la pente de la Zénaty fût de 350 mètres au moins,
ce qui paraît bien difficile.

section topographique; mais à peine les instrumens étaient-ils établis, que le général en chef envoya dire qu'il avait ordonné à toute la brigade du général Trézel de faire halte jusqu'à ce que nous l'eussions rejointe, et qu'il fallait nous dépêcher. Nous le fîmes si bien, qu'à peine on eut le temps de déterminer la latitude de cette montagne et son élévation au-dessus de la mer (1). Dans la descente qui se fit en courant, le chronomètre s'arrêta par les cahos qu'on lui fit essuyer en sautant d'un rocher à un autre : premier résultat fâcheux. Après une heure de course à pied, on rejoignit les chevaux. Ils étaient restés sans manger et sans boire depuis le matin; les sangles se trouvèrent relâchées; en grimpant un ravin, la selle qui portait les instrumens glissa sur la croupe du cheval, tourna entre ses jambes et l'effraya de manière à le faire ruer dans tous les sens. Avant qu'on eût pu l'apaiser, le baromètre, l'horizon artificiel, le sextant et autres objets, étaient brisés ou abîmés. On perdit ainsi dans un instant les moyens de continuer la majeure partie des observations dont on s'était chargé.

L'armée campa cette nuit sur la rive droite de la petite rivière El-Mehyrys, et se trouva, le lendemain

(1) La latitude observée fut 36° 9'. Ce point est le plus méridional de la route. Voy. pour l'élévation du lieu le § VI, dans lequel, afin de ne plus interrompre désormais la suite du récit, nous avons réuni toutes les observations de latitude, de longitude et d'élévations.

à midi, sur le premier point de la route d'où l'on découvre Constantine. C'est une colline qui prend son nom d'un monument antique situé sur son sommet, et nommé El-Soumah. Nous avons dessiné cette colline au moment où l'armée la franchit et descend dans la vallée de la rivière Bou-Merzouq que la route suit jusqu'à Constantine.

El-Soumah est un massif carré, composé de marches superposées, dont la dimension diminue à mesure qu'elles s'élèvent. Sur ce massif étaient quatre pilastres ornés de médaillons. La grande masse de pierres écroulées, amoncelées sur les côtés sud et sud-est, est une preuve positive que ce monument a été jadis plus élevé qu'il ne l'est aujourd'hui. Il est à supposer qu'il existait un blindage dans les intervalles qui séparait les pilastres. Parmi les pierres tombées, on en voit une dont la superficie est sculptée en croix et qui appartenait peut-être à une des parois. Une croix semblable se trouve sur le monument appelé Qoubr-el-Roumiah, près de Qaláh, à l'ouest d'Alger. Au lieu d'y voir un symbole de christianisme, nous croyons y reconnaître une trace d'imitation des élégantes sculptures ainsi formées, qu'on voit sur le fond des portes blindées dans quelques temples grecs (1). Les quatre pilastres, plus élevés dans le principe que ne le sont les deux troncs encore de-

(1) Par exemple sur la muraille intérieure du temple d'Erechthée à Athènes.

bout, supportaient probablement une coupole. Nous avons fait d'infructueuses recherches pour trouver des inscriptions. Il nous fut également impossible de reconnaître les traces d'une colonnade qu'on disait avoir régné tout autour de l'édifice. Cette supposition est fondée sur la seule circonstance qu'il se trouve des morceaux de colonnes d'environ deux pieds de diamètre parmi les ruines; il est peu probable, vu les dimensions de ces colonnes, qu'elles aient formé un étage au-dessus des pilastres. Le style et l'exécution de l'édifice ne permettent pas d'en reculer la fondation au-delà du quatrième siècle de notre ère. Nous ne connaissons qu'un monument, le tombeau de Théodoric à Ravenne, auquel on pourrait comparer celui-ci, sinon pour la forme, du moins pour les dimensions et le travail.

La cavalerie d'Ahmed-Bey avait un camp sur les hauteurs à gauche de la vallée du Bou-Merzouq. A l'approche de l'armée, des détachemens de cavalerie s'approchèrent de la rivière, faisant mine de vouloir attaquer. Pendant que le passage de la rivière El-Ahmimyn ralentissait la marche de l'armée, quelques pelotons de spahis et de chasseurs à cheval allèrent reconnaître les Arabes. Ils commencèrent alors à tirailler, mais sans se hasarder à passer la rivière; et quelques obus lancés au milieu d'eux les obligèrent bientôt à se retirer. L'armée vint tranquillement camper à une lieue et demie de Constantine.

### VI. LATITUDE ET LONGITUDE DE CONSTANTINE — OBSERVATIONS DE HAUTEURS.

*Observations de latitude faites à Constantine.*

Les observations faites au pied de la brèche, hors des murs de la ville, donnent les résultats suivans :

| Jours des observ. | Latitude observée. | | |
|---|---|---|---|
| Octobre. 17 | 36° | 21′ | 19″ |
| — 20 | — | 19′ | 25″ |
| — 21 | — | 20′ | 5o′ |
| — 22 | — | 20′ | 23″ |
| — 25 | — | 20′ | 58″ |
| — 26 | — | 20′ | 48″ |
| — 27 | — | 20′ | 47″ |
| — 28 | — | 20′ | 16′ |
| Moyenne. | 36° | 20′ | 41″ |

Nous avons rapporté à cette latitude les observations prises à Sydy-Mabrouk et à la Qasbah. Voici d'abord celles de Sydy-Mabrouk, prises devant la fontaine.

| Jours des observ. | Latitude observée. | | | Rapportée à la latitude de la brèche. | | |
|---|---|---|---|---|---|---|
| Octobre. 7 | 36° | 20′ | 20″ | 36° | 20′ | 32″ |
| — 9 | — | 20′ | 30″ | — | 20′ | 42″ |
| — 10 | — | 20′ | 55″ | — | 21′ | 07″ |
| — 12 | — | 20′ | 51″ | — | 21′ | 03″ |
| — 13 | — | 20′ | 33″ | — | 20′ | 45″ |
| | | | | Moyenne. | 36° 20′ 29″ | |

*Observations faites à la Qasbah, sur l'ancien mur,*
*au nord de l'église byzantine.*

| Jours des observ. | Latitude observée. | Rapportée à la latitude de la brèche. |
|---|---|---|
| Octobre. 23 | 36° 21′ 35″ | 36° 21′ 13″ |
| — 24 | — 20′ 33″ | — 20′ 11′ |
| | Moyenne. | 36° 21′ 03″ |

La longitude de la Qasbah de Constantine, obtenue par l'observation de l'éclipse totale de lune, arrivée le 13 octobre 1837, est de 3° 40′ 15″ à l'est du méridien de Paris.

Trois observations de l'azimut du monument de Soumah, prises au pied de la brèche de Constantine ont donné en moyenne 134° 50′ 40″ du nord à l'est. Cet azimut doit déterminer le tracé du méridien sur les plans de Constantine et des environs.

Voici maintenant les résultats d'une série d'observations barométriques correspondantes, faites pour déterminer l'élévation du sol au-dessus du niveau de la mer sur divers points situés entre Bône et le col de partage des eaux qui descendent vers Constantine. Nous donnons la hauteur approchée en mètres, déduite de l'élévation du mercure dans le baromètre, d'après la 1ʳᵉ table d'Oltmanns (1).

(1) Cette hauteur est toujours un peu trop faible ; les corrections à faire aux premiers calculs d'après la 2ᵉ table d'Oltmanns ont pour résultat d'élever le chiffre de ces calculs.

Camp de Dra'an. — Bord extérieur du fossé de l'angle S.-E. de la demi-lune E. 26 septembre à 1 h. 30 m. du soir.

|  | | |
|---|---|---|
|  | 90 m. | 20 c. |
| même jour à 3 h. 0 m. | 81 | 20 |
| Moyenne. | 85 | 70 |

Camp de Neschmeia. — Dans l'intérieur du camp, près de la tente du commandant de la place, le 27 septembre à midi 30 m.

|  | | |
|---|---|---|
|  | 253 m. | 60 c. |
| même jour à 1 h. 30 m. du soir. | 250 | 30 |
| — à 3 h. 45 m. | 248 | 80 |
| — à 4 h. 0 m. | 247 | 90 |
| Moyenne. | 250 | 20 |

Montagne Fedjoudji. — Le pied de la tour ou vigie située à son sommet, le 28 septembre à 9 h. 10 m. du matin.

586 m. 40 c.

Redoute d'Hammam-Berda'. — Le pied des retranchemens du côté des bains thermaux, le 28 septembre à 2 h. 31 m. du soir.

298 m. 70 c.

Qalmah. — Le sol de la grande place, auprès de l'habitation du commandant, le 29 septembre à 9 h. 0 m.

282 m.

Camp de Mdjez-A'mar. — L'emplacement de notre tente, sur la pente entre les fortifications et la rivière, le 29 septembre à 3 h. 15 m.

|  | | |
|---|---|---|
|  | 271 m. | 90 c. |
| Le 30 septembre à 9 h. 0 m. du matin. | 254 | 80 |
| — à 11 h. 56 m. | 258 | 50 |
| — à midi. | 262 | 70 |
| — à 3 h. 52 m. du soir. | 269 | 40 |
| Moyenne. | 263 | 50 |

*Ibid.* — L'emplacement de la baraque du gouverneur.

général, le 30 septembre à 11 h. 35 m.      275 m. 70 c.
Calcul sur l'élévation moyenne de notre tente.

                                            277 m. 10 c.

La Sébous. — La surface de la rivière auprès du petit pont
qui réunit les deux redoutes, le 30 septembre à 0 h.
49 m. du soir.                              242 m. 80 c.
Calcul sur l'observation moyenne de notre tente.

                                            241 m. 50 c.

Elévation entre la baraque du général et le lit de la
Sébous, calculée par l'observation d'un seul baromètre.                                      37 m. 10 c.

Montagne Hassania. — Versant nord de Râs-el-A'qbâh ; endroit où les caravanes passent la nuit, le 1er octobre à
9 h. 47 m. du matin.                        585 m. 80 c.

Col de passage du Ras el A'qbah. — Là où le nouveau chemin traverse le plus bas du col, le 1er octobre à 11 h.
48 m. du matin.                             828 m. 70 c.
Là où le vieux chemin traverse le plus bas
du col.                                     804     80
                                Moyenne. 816     75

Le Ouady-el-Zénaty. — Le gué de la rivière au sanctuaire
de Sidi Temtam, le 2 octobre à 4 h. 26 m. du soir.
                                            636 m. 20 c.

Sydy Temtam. — Le pied du mur du sanctuaire, le 2 octobre à 4 h. 48 m. du soir.                 673 m. 50 c.

Ras Zénaty. — Rive droite de la rivière ; sommet d'une colline qui est à l'est des ruines romaines situées à 2 milles
des douars, le 3 octobre à 2 h. 20 m. du soir. 867 m. 20 c.

Sources de Ouady-el-Boqrah. — Camp situé près de ces
sources, à l'endroit où le chemin traverse le ruisseau,
le 3 octobre à 6 h. du soir.               823 m. 50 c.

Col de partage entre les eaux qui se rendent à la Sébous, au Zénaty, etc., et celles qui vont se jeter dans le Bou-Merzouq et le Rummel, le 4 octobre à 10 h. 11 m. du matin.     873 m. 70 c.

Oum el Setas et Scherqia, montagne. — Hauteur prise au sommet le 4 octobre à midi.     1090 m. 10 c.

*Elévation au-dessus du niveau de la mer de certains points situés aux environs de Constantine, obtenue par des instrumens de nivellement.*

L'élévation du monument de Soumah a été mesurée deux fois au moyen de l'éclimètre, et deux fois avec un théodolyte; la moyenne de ces quatre observations est de 813 m.

Le sommet de la montagne Sydy Mecyd, mesuré par l'éclimètre, s'est trouvé avoir une élévation de 841 m.

| | |
|---|---|
| Le sommet de Stah Mansourah, à la redoute tunisienne (1). | 753 m. |
| Le sommet de la colline Emsali. | 715 |
| Le sommet de Koudiet Aty. | 713 |
| L'endroit le plus élevé de la ville, point nord de la Qasbah. | 700 |
| Le col devant Bâb-el-Ouad et Bâb-el-Djedid, qui réunit le plateau de la ville à Koudiet Aty. | 680 |
| Le grand pont sur le Ouady-el-Rummel. | 635 |

(1) Toutes les élévations suivantes sont mesurées à l'éclimètre.

Sydy Raschid , point méridional de la ville.   6oo

Le confluent du Ouady-el-Rummel et du
Bou-Merzouq.   569

Le Rummel sous le grand pont.   ·531

—      au haut des cascades.   5ao

—      au bas des cascades et des moulins.   47a

—      à son confluent avec le Ouady-el-
Melah auprès du jardin de Mustapha l'Anglais (1).   431

### VII. CONSTANTINE.

Avant la pointe du jour, le 6 octobre, il tomba
de la pluie pendant une heure de temps. Elle mit
tout le monde sur pied. A six heures on était
déja en marche. Les cavaliers d'Ahmed étaient
sur le qui-vive et commencèrent des escarmouches insignifiantes avec nos spahis. On monta la
pente du plateau appelé la terrasse d'el-Mansou-
rah, et avant huit heures, le général en chef, l'état-
major et tout ceux qui n'étaient pas attachés aux différens corps, se trouvèrent réunis en face de la ville,
sur le bord des ravins et des précipices qui la séparent de ce plateau, dont l'élévation est d'environ
2oo mètres au-dessus du Rummel. On n'aperçoit pas
même cette rivière parmi les escarpemens au fond
desquels elle se fraie un passage autour de la ville.
Aussitôt qu'on nous observa réunis sur ce point dominant, la Qasbah commença à lancer des bombes,

(1) La suite de la relation fera connaître en détail les
points dont nous venons de donner les hauteurs.

les batteries de la porte d'el-Qantarah nous envoyè-
rent des boulets, et des coups de fusil partirent des
maisons contre les personnes qui s'aventuraient sur
la pente qui fait face à la ville. On tirait beaucoup,
mais sans nous faire aucun mal.

A peine les deux brigades étaient-elles rendues
sur le plateau, qu'une partie de la garnison sortit de
la porte d'el-Qantarah et engagea une escarmouche
avec les avant-postes placés à l'aile droite de l'armée
contre cette partie de la ville. Les Arabes, blottis
dans les vignes et derrière les rochers, sur la pente
de la montagne Mecyd, cherchaient à atteindre les
soaves et les voltigeurs les plus rapprochés. On les
laissa traverser le fond du ravin, gravir la pente de
notre côté, et les chargeant alors à la baïonnette,
on les culbutta bien vite et on les refoula vers leurs
remparts. Ces engagemens se renouvelèrent tous les
jours pendant le siége.

La troisième et la quatrième brigade (1) avaient
eu ordre de quitter Mdjez-A'mâr un jour seulement
après les deux premières, et celles-ci avaient fait de
petites journées de marche, pour permettre aux
autres de se rallier successivement et sans fatigue.
Elles étaient en vue le 5, et le 6 avant midi elles
firent halte au bas de Mansourah, près de la
rivière.

(1) Voyez, dans les journaux du mois d'octobre, le tableau de la composition de l'armée.

Le général Rulhières reçut ordre d'occuper les hauteurs de Koudiet-Aty, qui font face à la ville et la dominent sur la rive gauche du Rummel. L'ennemi s'était porté en grand nombre sur cette colline. Les deux brigades passèrent le gué du Bou-Merzouq et ensuite celui du Rummel, auprès de l'aquéduc romain, à deux heures de l'après-midi, et, une heure plus tard, on était en possession de ce point important, qui ne fut que faiblement défendu. La brigade du général faisait face à la ville, et celle du colonel Combes à la rivière, au bord opposé de laquelle les cavaliers d'Ahmed se présentaient souvent pour tirailler, et se retiraient tous les jours sans pouvoir gagner du terrain.

C'était déja un pas immense que d'avoir cerné la ville dans moins de huit heures de temps, et d'avoir occupé les points essentiels pour la battre.

Si au lieu des faibles fortifications et des doubles portes qu'Ahmed avait fait ériger dans le courant de l'année dernière, il avait fait faire quelques retranchemens garnis de canons sur le plateau de Mansourah et sur Koudiet-Aty, l'occupation de ces deux points aurait coûté un temps et un sang également précieux. Si, ensuite, en rasant les maisons du faubourg devant la porte dite Bâb-el-Ouad, il avait en même temps fait creuser un fossé devant la ligne de murailles en face de Koudiet-Aty, une brèche serait devenue encore plus difficile à rendre praticable et bien plus dangereuse à escalader. Enfin si cette ville, dont la nature a fait un second Gibraltar, avait été défendue comme elle aurait pu l'être et comme elle le sera dès à présent, il aurait fallu, pour la réduire, beaucoup de temps, une armée de trente mille hommes et une artillerie double de celle que l'armée française a employée. Ceci se conçoit en faisant attention à la configuration du terrain et aux difficultés qu'il présente pour couper toutes les communications avec la campagne.

Dans l'après-midi du 6, les pluies commencèrent et continuèrent presque sans interruption, souvent à verse, jusqu'après la nuit du 10 au 11. Ces deux derniers jours il en tomba moins. Le 12 et le 13 il faisait beau. Déja, dans la journée du 7, les travaux du génie étaient devenus plus fatigans et plus difficiles. Une terre gluante s'attachait aux pieds des hommes et des chevaux, ainsi qu'aux roues des voitures. On fut obligé d'atteler dix, douze paires de chevaux aux pièces de siége pour les traîner au sommet des collines. Du plateau de Mansourah sur lequel le quartier-général, l'artillerie, le parc, le train, les approvisionnemens et les ambulances étaient établis, groupés autour du sanctuaire de Sydy-Mabrouk, il fallait descendre des escarpemens et des ravins de 4 à 500 pieds d'élévation pour en remonter d'autant sur le Koudiet-Aty. A mesure que les sapeurs sillonnaient ces pentes de chemins carrossables, les torrens les enlevaient. Il s'ensuivit que quelques grosses pièces versèrent dans les ravins avant d'arriver aux endroits qu'on préparait pour les mettre en batterie. Il fallait un redoublement de travail pour les relever, ce que les soaves entreprirent et vinrent à bout d'exécuter plus tôt qu'on ne s'y attendait. Rien ne semblait impossible. Généraux, officiers et soldats, ils étaient tous présens au combat et à la corvée suivant les circonstances, rivalisant d'ardeur et de persévérance au milieu des obstacles ou des difficultés. Mais ces efforts, fruit d'une volonté ferme et d'une excellente discipline, n'étaient pas calculés sur les forces physiques de chacun. Les cinq nuits passées alternativement aux travaux du siége et à la garde des avant-postes, au milieu des boues et des pluies, sans même un feu de bivouac pour sécher les habits ou réchauffer les membres engourdis du soldat, minèrent ses forces physiques et furent le germe des maladies qui, se développant après la prise de la ville, enlevèrent plus de monde que ne l'avaient fait le siége et l'assaut.

Plusieurs cavernes, qui se trouvent sur le plateau de Mansourâh, donnèrent abri à quelques individus des postes placés dans le voisinage.

Le sanctuaire de Sydy-Mabrouk et ceux du Koudiet-Aty, offraient aux généraux un toit dont ils n'avaient guère le temps de se servir; c'était là tout! Heureux ceux qui avaient des tentes. Le plus grand nombre n'avait que la terre boueuse pour se reposer. Dans les cimetières de Koudiet-Aty, les soldats, choisissant les tombeaux placés sur des pentes du terrain, en enfonçaient la cloison perpendiculaire, et débarrassant la tombe des restes du mort, se couchaient à sa place.

Les contrariétés et les souffrances firent naître de justes comparaisons entre la situation présente et la position critique où s'était trouvé le corps expéditionnaire du maréchal Clauzel. Ceux qui en avaient fait partie avaient eu à supporter tout le poids des maux dont nous n'éprouvions encore que les premières atteintes. Mais chaque jour nous faisait sentir tout ce qu'avaient dû souffrir nos devanciers, tout ce qu'ils avaient dû déployer de fermeté, de courage pour vaincre tous les obstacles de manière à ce que la prise de la ville ne dépendît plus que d'une éventualité. En présence des calamités qu'ils avaient eu à combattre, nous admirions la force d'ame dont le chef et les officiers avaient dû faire preuve pour soutenir, pendant la retraite, le moral du soldat. Si la pensée se portait vers la possibilité de plus graves obstacles, vers un revers même, ce n'était que pour nous pénétrer plus intimement des motifs qui nous avaient conduits là, pour nous rendre plus familiers avec la conviction qu'il valait beaucoup mieux se faire tuer sur la brèche en prenant la ville, que de s'exposer aux chances mêmes favorables d'une retraite.

Oui! autant celle du maréchal Clauzel avait été
glorieuse pour lui et pour ses vaillans compagnons,
autant une pareille mesure devenait elle impossible
pour nous, car elle aurait laissé une tache à l'hon-
neur de l'armée française, quels qu'eussent été les
motifs qui l'auraient commandée.

## VIII. Siége, assaut et prise de la ville.

Dès que la ville eut été cernée et que les généraux eurent reconnu le terrain, on décida d'abord
de faire taire le feu de la Qasbah. Les batteries du
Roi, d'Orléans et celle des mortiers furent à cet effet
élevées sur le Stah-Mansourah, et malgré les obstacles qu'opposait le mauvais temps, leur feu commença
le 9 au matin. L'impossibilité de faire parvenir les
pièces de 24 à Koudiet-Aty avant le rétablissement
des chemins, rendus impraticables par la pluie, avait
fait improviser la batterie Damrémont dans la journée du 8 et, le 9 avant midi, cette batterie ouvrit
son feu, de concert avec les autres.

Trois pièces de campagne furent placées à l'extrême droite de Stah-Mansourah pour occuper deux
bastions situés au nord et dans les escarpemens des
rochers au-dessus du Bâb-el-Qantarah. L'effet de
ces opérations ne se fit pas attendre. Les batteries
de la Qasbah furent demantelées et abandonuées

le jour même. Celles de la face sud-ouest de la ville, qui enfilaient le cours du Rummel, ne tiraient plus lorsqu'on passait les gués; elles avaient visiblement souffert et l'ennemi s'occupait à les réparer pendant la nuit. On prenait peu de souci des bastions de Bâb-el-Qantarah.

Pendant que ceci se passait à Stah-Mansourah, on n'était pas oisif à Koudiet-Aty. La batterie de Nemours avait été élevée : elle fut d'abord armée de 4 obusiers qui commencèrent le feu contre le front d'attaque (la partie occidentale des fortifications) en même temps que celui des batteries de la terrasse Mansourah contre les autres points. On avait eu, presque tous les jours, à repousser tantôt les escarmouches des éclaireurs d'Ahmed, tantôt les sorties de la garnison. Dans la journée du 10, les assiégés, déterminés sans doute par l'effet de l'artillerie sur la ville, tentèrent une attaque plus vive, dans le but d'enlever les batteries : mais animées par la présence du duc de Nemours et du général en chef, qui se trouvèrent sur ce point, les troupes françaises franchirent leurs retranchemens et culbutèrent l'ennemi, qui perdit un assez bon nombre d'hommes.

Dans l'après-midi du 10, on désarma les batteries d'Orléans et Damrémont pour transporter les pièces à Koudiet-Aty. Pendant la nuit du 10 au 11 les batteries du Roi et des mortiers continuèrent leur feu contre la ville. La journée avait été riche en fatigues et en opérations; la nuit ne permit pas de s'en délasser : quoiqu'elle ne fût guère meilleure que la précédente, l'artillerie de siége franchit le Rummel, fut transportée sur les hauteurs de Koudiet-Aty dans la matinée du 11, et placée en batterie. Le duc de Nemours, en sa qualité de commandant du siége, était présent à cette pénible corvée de nuit, comme il avait été présent aux combats de la journée. La batterie de brèche fut placée à 100 pas en avant et un peu à droite de celle de Nemours, qui maintenant était armée avec les pièces de la batterie d'Orléans, et les obusiers furent placés sur une vieille muraille de fortification, qui faisait épaulement à la pente de la colline près du sanctuaire Sydy-Abd-el-Aziz, où dès ce jour on pouvait considérer le quartier-général comme établi. Dans la nuit du 11 au 12, la batterie de brèche fut transportée au bas de la colline, et construite à 130 mètres seulement des murs de la ville. Celle de Nemours fut avancée d'environ 80 mètres. Les mortiers furent également transportés à Koudiet-Aty le 11, et mis en batterie le même jour.

Le feu de nos batteries fut dirigé contre la courtine immédiatement au sud du bastion sous lequel est construite la porte dite Bâb-el-Ouâd. C'était le seul point où une brèche fût possible, et quoique, après avoir renversé une partie des grosses pierres taillées qui formaient le revêtement, on eût reconnu

que les murailles étaient accolées à d'autres constructions qui en rendaient l'épaisseur extrêmement
considérable, il fallut pourtant continuer à battre ce
point. C'était le seul, en effet, par lequel on pût
pénétrer dans les rues: partout ailleurs les murailles
du front d'attaque s'appuyaient sur le roc vif qui
les dominait par derrière, et formait, au-dessus des
remparts, une barrière qu'il était aussi impossible
de franchir que d'ébranler.

Dans l'après midi les canons de la place ne ré-
pondirent plus aux nôtres, et la brèche était bien
indiquée. Le général en chef envoya alors un jeune
Arabe du bataillon turc avec une proclamation aux
habitans, dernière tentative pour amener la reddi-
tion de la place. L'émissaire revint le lendemain
matin avec cette réponse verbale et railleuse : « Que
« jamais on ne se soumettrait, et que si les Français
« avaient besoin de pain pour eux et d'orge pour
« leurs chevaux, on leur en fournirait. »

Dans la nuit du 10 au 11, l'ennemi fit une sortie
contre les travaux qu'exigeait l'établissement de la
batterie de brèche la plus rapprochée, et d'une place
d'armes, qui devait contenir la garde de tranchée et
les troupes destinées à donner l'assaut : il fut repous-
sé à la baïonnette sans qu'on tirât un seul coup de
fusil. La nuit suivante, lorsqu'on commença le transport des canons de 24 vers leur nouvel emplacement,
l'ennemi dirigea une fusillade si vive et si bien nour-

rie contre les pièces et contre la place d'armes, que
l'ordre fut donné de dételer les chevaux et de suspendre momentanément le travail. Une troupe d'A-
rabes sortie en même temps de la ville, faisait mine
d'attaquer la garde de tranchée; mais s'apercevant
qu'on les attendait pour les culbuter à la baïonnette,
ils rentrèrent dans la ville. La fusillade se ralentit
ensuite, et les canons étaient rendus à leur destination avant le jour.

Les batteries de l'ennemi furent réparées pendant la nuit et recommencèrent le feu le 12 au matin. Celles de Bourdj-el-Assous et de Qasr-Scherâb
ne pouvaient pas être inquiétées par nos canons. De
ces deux points les assiégés pouvaient, à leur aise,
envoyer des bombes sur le Koudiet-Aty au milieu
des parcs de chevaux, des dépôts de munitions, etc.;
ils usèrent largement de cet avantage.

A huit heures et demie du matin le général en
chef ariva sur le Koudiet-Aty, accompagné du duc
de Nemours et de tout l'état-major. Ayant quitté
leurs chevaux derrière les mammelons où la batterie
des mortiers était placée, ils descendirent le chemin
pour se rendre à la tranchée. Avant d'arriver à la
batterie de Nemours, le général Damrémont s'arrêta pour observer la place avec sa lunette d'approche. On l'engagea à ne pas s'arrêter dans cet endroit
que les boulets sillonnaient très fréquemment. Il
n'en tint aucun compte; mais l'ennemi connaissait

déja, depuis les premiers jours, ce groupe d'officiers qui s'exposait partout. D'une des embrâsures entre Bâb-el-Ouâd et Bâb-el-Djédid (1) partit un coup de canon. Au même instant le général en chef tomba en s'écriant ah! mon dieu! et il expira sur-le-champ. Son ami intime, le général Perregaux, se pencha sur lui pour voir si peut-être il n'était que blessé; dans cette position il reçut au visage une balle, qui se fixa au-dessus du palais, et ne pouvant être extirpée par la suite, amena définitivement sa mort (2).

Dans moins de dix minutes, le canon de 16 de la batterie de Nemours avait démonté la pièce et ruiné l'embrâsure d'où était parti le coup funeste.

Les talens bien connus des généraux survivans pouvaient, jusqu'à un certain point, consoler l'armée de la perte qu'elle venait de faire: il n'en était pas ainsi pour les personnes qui avaient été en rapport plus immédiat avec le gouverneur-général et le chef de l'état-major. Leurs regrets furent vifs, leur douleur cruelle; mais le moment n'était pas propre

_________________

(1) Porte de la Rivière, Porte du Réservoir d'eau.

(2) On pourrait être surpris qu'une balle ait pu blesser mortellement le général Perregaux, à une distance de 500 mètres. Mais il faut savoir que les Arabes de la garnison avaient des fusils de rempart d'une telle portée, que les balles lancées de la partie la plus basse de la ville allaient s'aplatir sur les pierres, au sommet de la terrasse de Mansourah, à 700 mètres de distance.

aux épanchemens. Chacun se contint, se roidissant
contre son émotion; cependant lorsque le corps du
général, transporté de Koudiet-Aty à Sydy-Mabrouk,
fut reçu et déposé sous sa tente par un petit nombre
d'amis, le recueillement était profond et plus d'une
larme s'échappait à la dérobée sur les joues des braves qui l'entouraient.

Nous n'avions jamais attendu des merveilles de
la commission scientifique créée par les deux généraux; nous osons pourtant affirmer qu'elle reçut
son coup de grace par leur mort imprévue. Elle fut
désormais sans tête, n'inspira plus aucun intérêt
et ne reçut aucune assistance. Chacun des membres
allait flaner isolément, comme bon lui semblait;
on ne réussissait pas même à les réunir.

Le général Valée, qui succéda au commandement
de l'armée, donna toute sa sollicitude à la continuation des opérations que la providence lui laissait
à terminer.

Les batteries en arrière de celle de la brèche,
avaient ouvert leur feu depuis neuf heures du
matin, et cette dernière, à laquelle on n'avait pas
pu transporter les munitions en même temps, suivit
leur exemple quelques heures plus tard. Vers le soir
la brèche était bien assez large, mais les décombres
avaient toujours beaucoup de hauteur.

Dans ce moment, Ahmed-Bey donna de ses nou-
velles pour la première fois : non pas par une tentative audacieuse à la tête de sa cavalerie pour

délivrer la ville, mais tout simplement par un par-
lementaire qu'il envoya avec une lettre, proposant
au général en chef de suspendre les hostilités et de
renouer les négociations. Il jugeait ses adversaires
bien faciles à duper s'il les croyait capables d'écouter
une proposition à laquelle il se serait bien gardé
de donner suite. Mais la réponse du général en chef
fut que la remise immédiate de la place était le
préliminaire de toute négociation.

Le caractère et la conduite d'Ahmed étaient toujours les mêmes: Il avait insulté et méprisé les
chrétiens et leur gouvernement de toute la force
du fanatisme musulman. Sa fierté envers la France
s'était accrue avec les vaines négociations qu'on
avait entreprises avant la première expédition, et
qu'il avait considérées comme autant de preuves de
peur et de faiblesse. Celles qu'on voulut renouer
après la retraite du maréchal Clauzel mirent le
comble à son dédain; mais lorsqu'il s'agit de défen-
dre sa capitale, d'encourager les habitans par sa
présence, de prouver qu'il voulait soutenir ce qu'il
avait avancé, il s'éloigna de la scène et se réduisit
lâchement au rôle de spectateur inactif. En un mot
il a toujours dit ce qu'il n'aurait pas dû dire et n'a
jamais fait ce qu'il aurait dû faire.

Il a trahi le pays confié à son gouvernement, il a
abandonné la ville de Constantine à son sort, exci-
tant les habitans à une défense à outrance en leur
faisant croire que les Français, une fois maîtres de

la ville, en égorgeraient tous les habitans. Si la
résistance opiniâtre de la garnison avait conduit
les vainqueurs au meurtre et au pillage, quel autre
qu'Ahmed en aurait été la cause? On pouvait le
démasquer aux yeux de la population, faire ressortir
les mensonges funestes de ses proclamations perfides,
mettre enfin sa tête à prix comme il avait mis à prix
celles des Français. Qui aurait pu se plaindre d'une
pareille mesure, quelque dure, quelque cruelle qu'elle
paraisse? Ce n'aurait été à coup sûr ni les parens
des musulmans qui ont péri à l'assaut de la ville,
ni les familles françaises qui pleurent encore les
victimes dont Ahmed-Bey a payé le sang à prix
d'or. Certes, l'indulgence après la victoire est une
trop belle vertu pour que nous veuillions l'imputer
comme une faiblesse aux autorités militaires. Mais
nous oserions blâmer, comme une funeste condes-
cendance, toute nouvelle tentative de rapprochement
entre la France et l'ancien bey de Constantine. Une
négociation avec Ahmed ne saurait avoir une heu-
reuse issue quelles qu'en pussent être les conditions
et les garanties.

Les canons des remparts de la ville avaient cessé
leur feu; l'artillerie des assiégés était démontée sur
tout le front d'attaque; cependant on continua à
tirer contre la brèche pendant la nuit pour empê-
cher l'ennemi de la réparer. A quatre heures du
matin, le 13 octobre, on cessa le feu dans toutes les
batteries. Aussitôt deux officiers accompagnés de

quatre soaves, s'élancèrent vers la brèche pour la reconnaître. Au moment où ils arrivèrent aux pieds des murs, ils furent reçus par la fusillade la plus animée. On les perdit de vue dans la fumée, et les balles qui pleuvaient sur eux de tous côtés faisaient désespérer de les revoir. La garnison, s'imaginant voir la tête de la colonne d'assaut, tirait en conséquence. Le quart d'heure était pénible ; l'anxiété de l'armée était au comble. Aussi quelle émotion, quelle joie lorsqu'on vit ces hommes dévoués sortir sains et saufs de leur position périlleuse! Ils rentrèrent dans la tranchée en annonçant que la brèche était praticable, et retournèrent tous à l'assaut dans la matinée. Cette fusillade qui dura près d'une demi-heure, mit tout le monde en activité, et chacun se prépara pour sa tâche de la journée.

Le général en chef, le duc de Nemours (1), les généraux Fleury et Caraman descendirent, avant le jour, dans la batterie de brèche. Les colonnes d'attaque furent formées (2) et les batteries reprirent

(1) S. A. R. avait insisté pour commander personnellement une des colonnes d'assaut. Le jeune prince voulait absolument donner plus de preuves de courage et de sang-froid qu'il n'en avait déja déployé tous les jours. Sa qualité de commandant du siége s'opposait à son ardent désir de monter sur la brèche un des premiers, et le général en chef fit valoir cet obstacle comme insurmontable ; malgré cela, il y serait allé si la troisième colonne eût donné.

(2) Elles étaient au nombre de trois : la première, com-

leur feu contre la brèche et contre les maisons de droite et de gauche le plus avantageusement situées pour inquiéter les assaillans.

Il était un peu plus de sept heures et demie lorsque le commandant de la batterie de brèche rendit compte au général en chef qu'il ne lui restait qu'une charge par pièce. Une communication à mi-voix eut lieu avec le duc de Nemours et on entendit ces mots : « Colonel Lamoricière, quand vous voudrez ! » « A moi ! mes soaves ! » fut la réplique, et au même instant ils franchirent le parapet de la tranchée. Les tambours battaient la charge, les accords guerriers des musiques militaires se mêlaient aux exclamations de « Vive le Roi ! Vive la France ! » Le trajet à la brèche fut rapidement parcouru, et quelques momens après, le drapeau tricolore fut planté sur le rempart. Aussitôt qu'un détachement était monté sur la brèche, un autre le suivait, et cette manœuvre se continua jusqu'à ce que les deux premières colonnes s'y furent logées. Le combat s'engagea alors

posée de soaves et de soldats d'élite du 2ᵉ léger, était sous les ordres du lieutenant-colonel Lamoricière, et des chefs de bataillon Vieux et de Sérigny. La deuxième, prise dans les 2ᵉ et 3ᵉ bataillons d'Afrique, dans la légion étrangère, et dans le 47ᵉ de ligne, était commandée par le colonel Combes et par les chefs de bataillon Bedeau et Leclerc. Enfin la troisième, sous les ordres du colonel Corbin, comprenait 2 bataillons de 400 hommes formés de détachemens pris dans tous les corps des quatre brigades.

corps à corps au milieu des décombres et des maisons. La résistance fut opiniâtre. Chaque pan de
mur, chaque trou était occupé par les Turcs et les
Kabaïles. Ils parvinrent à renverser un mur sur nos
soldats et en ensevelirent ainsi un bon nombre ;
mais la trouée donna accès à une position et de suite
on gagna ce terrain. Du haut d'une grande caserne
à la droite des assaillans, le feu plongeait sur eux,
ainsi que des minarets et des trous pratiqués dans
les toits des maisons. La seule rue à laquelle on
parvint d'abord, n'avait, comme toutes les autres,
que 6 à 8 pieds de large. Encore était-elle obstruée
par des décombres de maisons écroulées et barrica-
dée avec des pierres, des meubles, des matelats, etc.
Une grande porte, jadis une de celles de la ville,
fermait l'accès à d'autres rues. Après une heure de
travail et de sang répandu, les soaves et les sapeurs
s'étant frayé le passage jusque-là, apprêtèrent les
sacs à poudre pour la faire sauter. En avant, et un
peu à gauche de cette porte, les assiégés avaient le
dépôt de munitions pour les canons qui avaient
garni le mur à l'endroit où maintenant était la
brèche ; en se retirant ils y mirent le feu. L'explosion, qui se communiqua aux sacs de poudre appor-
tés par les sapeurs, fut très considérable. Elle éleva
une immense colonne de fumée et de poussière,
qui, à cause du calme parfait de l'air, resta long-
temps en place, dérobant à la vue tout ce qui s'était
passé au-dessous : quant elle se dissipa un peu,

il n'y avait plus de mouvement sur la brèche. .

Cette catastrophe coûta la vie à beaucoup de monde; mais le nombre des morts n'égala point celui des blessés que d'affreuses brûlures mirent hors de combat. A tout prendre, pourtant, cet accident fut plus désastreux pour l'ennemi que pour nous. La porte contre laquelle nos sapeurs s'étaient dirigés, et quelques murailles voisines, servaient d'abri aux Arabes, qui attendaient l'effet de leur poudre pour fondre sur les assaillans et les culbuter du haut de la brèche; mais ces frêles barrières, renversées par la force de l'explosion, ensevelirent sous leurs débris tous ceux qui s'y étaient embusqués.

Dès ce moment, le sort de la ville se décida. L'accès était maintenant élargi. Les renforts qu'on y envoya de suite pénétrèrent plus facilement auprès des premiers assaillans, qui continuaient le combat dans la ville. Au bout d'une heure, on parvint à tourner ceux qui résistaient encore, et, chassés de position en position, ils furent forcés de se retirer vers la Qasbah.

C'est alors que le colonel Combes, quoique mortellement blessé, descendit seul de la brèche et, maîtrisant ses douleurs, rendit compte du combat avec tant de calme et de fermeté, qu'on ne s'aperçut pas d'abord de ses blessures : « Ceux qui « ne sont pas blessés mortellement, dit-il, en finis- « sant, d'une voix assurée, ceux-là pourront se

« réjouir d'un aussi beau succès ; pour moi, je suis
« heureux d'avoir pu faire encore quelque chose
« pour le roi et pour la France. » Il voulait marcher
seul jusqu'à l'ambulance ; mais il tomba au bout
d'une trentaine de pas, et dans la nuit il expira. La
sublime force d'ame de cet homme héroïque avait
saisi d'admiration tous les assistans ; sa perte inspira
de vifs et profonds regrets.

Le général Rulhières, nommé gouverneur de la
ville quelques instans après le retour de Combes, y
fut aussitôt envoyé. Le combat continuait dans les
rues ; le général pénétra rapidement avec les siens ;
et, arrivant à la Qasbah en même temps que les
Arabes, les força à mettre bas les armes. Un grand
nombre de fuyards, voulant descendre le précipice
appelé *El-Mederdjah* (1), à l'aide de cordes qui cas-
sèrent par le trop grand poids, furent entraînés
dans la chute les uns par les autres, et périrent,
misérablement mutilés, au bas du rocher. Le lendemain on en compta plus de cent que les Arabes
n'avaient pas encore pu emporter.

A dix heures et demie, le dernier des drapeaux
rouges avait disparu sur les fortifications, et le pa-
villon tricolore flottait sur la Qasbah.

Le général Trézel avait reçu l'ordre d'occuper

(1) L'Escalier ; ce sont des marches taillées irrégulière-
ment dans le rocher à pic qui s'élève au nord-ouest des cascades.

l'ennemi du côté de Bâb-el-Qantarah, pendant que tout ce que nous venons de raconter se passait à la brèche. C'était un plaisir de le voir mener les Arabes qui s'étaient portés sur la montagne Mecyd, et balayer les hautes plaines du côté du nord avec les chasseurs d'Afrique. Un détachement de sapeurs et de voltigeurs, à la tête duquel se trouvaient deux jeunes officiers de son état-major, dépassa le Bâb-el-Qantarah, traversa le grand ravin sur un des ponts naturels, et eut l'audace de grimper le Mederdjah jusqu'à la Qasbah, où il arriva peu de momens après qu'on en eut pris possession.

Avant midi, le général en chef, le duc de Nemours, les autres généraux et leurs états-majors, s'établirent dans le palais d'Ahmed-Bey. On déblaya en partie les barricades des portes de la ville, et le transport des blessés commença aussitôt. Tels étaient l'ordre et la discipline de ces braves et honnêtes soldats, qu'il n'y eut que très peu de pillage. Les spahis, arabes irréguliers, qui n'avaient été d'aucune utilité pendant le siége, commirent des vols et enlevèrent du butin forcément. Quant aux soldats de l'armée, nous sommes certains que ce qui fut pillé par eux pendant le jour de l'assaut, ne peut se comparer à ce que les juifs de Constantine volèrent et pillèrent, les jours suivans, dans les maisons des habitans maures qui s'étaient enfuis ou qui avaient été tués.

On a publié, et, ce qui est pire, quelques per-

sonnes ont cru que le pillage, que le carnage même
avaient duré trois jours. Ensuite on a prétendu qu'il
y avait eu une réaction, un tumulte, dans la nuit
du 13 au 14. Nous pouvons affirmer que tous ces
bruits sont faux (1), et que la seule confusion qui
eut lieu provenait de la grande difficulté avec laquelle
les bagages arrivaient à demeure. C'était un encom-
brement dans des portes obstruées, et dans des rues
trop étroites pour admettre les animaux chargés,
et voilà tout.

On a voulu faire croire que les fourrages man-
quaient entièrement depuis le 10 octobre, et que les
chevaux crevaient tous de faim. Il est vrai que les
pauvres animaux étaient réduits à la demi-ration
d'orge, et privés de paille depuis ce jour-là, à l'exception de ceux de l'intendance et de ceux qui tra-
vaillaient jour et nuit. Il est vrai aussi qu'il n'y avait
que trois mille rations d'orge le 13 au matin ; il est
vrai qu'il ne restait que quatre-vingts ou cent coups
de gros calibre lorsque l'assaut fut donné ; mais le
colonel Bernelle, qui amenait des munitions et des
subsistances de Mdjez-A'mâr, avait ordre de rallier,

---

(1) L'éclipse totale de lune qui eut lieu cette nuit
entre 9 heures du soir et deux heures du matin, fut observée par un de nous dans le palais du bey, devant la porte
du général en chef. Tout était tranquille, et il n'y eut pas
même un seul rapport pendant tout ce temps. L'armée
avait besoin de repos, et les soldats s'en donnèrent de grand
cœur.

et, la ville une fois prise, il était indifférent qu'il arrivât un jour plus tôt ou plus tard.

La perte de l'armée, depuis le commencement du siége jusqu'au 17 octobre, était de 100 tués, 506 blessés, 48 morts de maladie. Sur ce nombre, il y avait 14 officiers tués, 37 blessés, et 5 morts de maladie. Au 15 décembre, il y avait 12 officiers tués, 9 morts par suite de leurs blessures, 42 morts de maladie, et 30 blessés. Les corps du génie et des soaves étaient ceux qui avaient le plus souffert; mais la perte essuyée dans les combats était petite, comparativement à celle que causèrent les maladies. Ce fléau prit son origine dans les fatigues et les privations, et se développa d'autant plus rapidement que les soldats n'ont pas l'idée du régime, et que l'organisation de l'administration n'est pas faite pour leur en faire reconnaître l'utilité.

Les habitans ne croyaient pas d'abord aux assurances qu'on leur donnait que leur vie et leurs propriétés seraient respectées : ils l'avaient si peu mérité ! Ils s'imaginèrent d'abord qu'on rappelait les fuyards dans l'intention de réunir la population et de l'exterminer d'un seul coup; mais au bout de quelques jours ils reprirent confiance, et bientôt leur insolence et leurs dédains habituels envers les chrétiens remplacèrent l'humilité rampante qu'ils avaient jusque-là témoignée.

Les vainqueurs de Constantine se sont constamment montrés braves, patiens, généreux; mais il

serait difficile de dire laquelle de ces trois qualités
les caractérisait le mieux. On ne peut assez admirer
le courage et la constance que chacun d'eux a dé-
ployés au milieu des privations, des souffrances, des
blessures, depuis le premier jour du siége jusqu'à
la prise de la ville. Mais la conduite du soldat, aussitôt que les vaincus eurent crié grace, est vraiment
au-dessus de tout éloge. Ce n'était pas forcément et
à contre-cœur qu'il renonçait à une vengeance bien
légitime contre ceux qui, l'année précédente, avaient
égorgé, décapité, mutilé ses frères d'armes épuisés
de froid, de faim et de fatigue. C'était, pour ainsi
dire, une grandeur d'ame raisonnée, une sorte d'humanité logique, fruit de leur excellente discipline,
qui leur faisait dire : « Pourquoi les tuer? Ils ont
« fait leur devoir. » On a beau appeler ces soldats
des athées (1); il y a autant de vraie religion dans
cette simple et généreuse expression que dans toute
la philosophie allemande. Des militaires d'une autre
nation n'auraient peut-être pas renoncé au droit,
consacré par les coutumes de la guerre, d'un sac
de trois jours après la prise d'une ville par assaut;
ils en auraient peut-être fait la condition préalable
de leur participation aux fatigues du siége.

Dans presque toutes les maisons de Constantine

(1) Voyez la relation insérée dans la Gazette d'Augs-
bourg, et traduite dans le journal *le Commerce*, numéros
des 16-19 décembre 1837.

on trouvait les provisions de froment et d'orge
destinées pour l'hiver : elles furent employées aux
besoins de l'armée. Malheureusement les moulins
et les fours étaient abandonnés ; il se passa beaucoup
de temps avant qu'on parvînt à en arranger quelques-uns, et qu'on pût ainsi procurer du pain frais
aux blessés et aux malades. Petit à petit on put assurer un modique approvisionnement aux marchés,
et, lorsque l'armée quitta la ville, la position de la
garnison qu'on y laissa était assez passable, et pouvait s'améliorer tous les jours.

La prise de Constantine a eu un retentissement
immense dans toute la Barbarie. Jusqu'au dernier
moment, les musulmans l'avaient crue inexpugna-
ble. C'était la même conviction qu'ils avaient avant
la prise d'Alger, avec cet argument de plus, que
Constantine était à l'abri des attaques d'une flotte.

### IX. ANTIQUITÉS DES ENVIRONS DE CONSTANTINE.

Constantine est l'ancienne Cirta, située dans le
pays des Massœsyliens. Ce nom prononcé Kerta, signifie, en langue punique, tout uniment *ville*, et il
était ainsi usité chez les indigènes du pays pour désigner la capitale du royaume entier, comme on
avait l'habitude de distinguer Rome par le nom de
*Urbs*, et comme, en Angleterre, on emploie seulement le mot *Town* lorsqu'on parle de Londres. Pendant leurs guerres avec les Numides, les Romains

maintinrent cet appellatif, et il serait à présent difficile de déterminer si l'usage de désigner une capitale par le mot générique de ville est un héritage
latin ou sémitique. Le mot Kerta fut corrompu en
Cirta lors de la décadence de la langue des Romains,
qui, certes, n'était pas prononcée comme cette langue latine de nos jours, que chaque université es-
tropie à sa façon. Nul doute que la ville ait eu un
nom plus distinctif, à moins qu'on ne veuille supposer
d'après l'ancien nom de Carthage (*Kert hads* ou *Ker-
thadest* (1), nouvelle ville) que Kerta, Constantine,
était la plus ancienne, et que Carthage devint la
*Cirta nova.*

La ville était la résidence des rois numides. Syphax, prince gétule, qui figure dans la seconde guerre
punique, y avait un magnifique palais. A l'époque
où il fut vaincu et fait prisonnier, la ville se rendit à Massinissa, l'allié des Romains. Il en fit la capitale de son royaume; lui et ses successeurs, surtout
Micipsa, l'embellirent de beaux édifices. Pendant le
règne de ce dernier, qui y établit aussi une colonie de Grecs, Cirta, disent les anciens auteurs, devint populeuse et florissante au point de pouvoir

(1) Voyez les médailles de Panormus, au 1er suppl. de
Mionnet et Lindherg, De inscr. Phœn. græc. — Le nom
de *Cirta nova* se trouve dans une inscr. inéd. recueillie à
Keff par James Bruce, et dont nous devons une copie à
l'obligeance de M. Cuming-Bruce, mari de la petite-fille du
célèbre voyageur.                    *Note des éditeurs.*

fournir 10 mille hommes de cavalerie et 20 mille hommes de pied (1). Fidèle à la cause d'Adherbal, Cirta se défendit vigoureusement contre toutes les attaques de Jugurtha, et ne céda que lorsque ses approvisionnemens furent entièrement épuisés. Du temps de Juba I<sup>er</sup>, la ville maintint son ancienne splendeur. Dans l'intervalle de la chute de ce prince, à l'avénement de son fils Juba II, Jules César donna une partie de la ville et de son territoire à Sitius, qui y établit une colonie de militaires romains et italiens, d'où dérive le nom de *Sitianorum colonia*, qu'on lui donna depuis. Juba II et son fils Ptolémée, dernier prince numide qui régna à Cirta, n'étaient que des vassaux du nouvel empire romain. Au commencement du quatrième siècle, Alexandre, proclamé empereur par les soldats de l'Afrique, chercha à Cirta un refuge contre son heureux rival Maxence, dont l'armée victorieuse saccagea la ville et l'endommagea considérablement. L'empereur Constantin I la restaura, releva les édifices ruinés et en fit construire de nouveaux. — Dès-lors la ville, reconnaissante, prit le nom de son bienfaiteur. Tous les anciens auteurs qui parlent de cette ville donnent des louanges

(1) Ce fait est avancé par Strabon, liv. XVII, p. 832 ; mais en fait de statistique, il est toujours bon de se défier un peu des écrivains de l'antiquité, qui n'avaient pas toujours des renseignemens positifs, et cherchaient plutôt à produire de l'effet qu'à conformer rigoureusement leurs récits à la vérité.

à sa splendeur, à sa magnificence, à la force de sa position et à la salubrité de son climat. Les arts et les sciences, protégés par Juba II, qui avait été élevé à Rome, s'y étaient introduits d'une manière plus stable depuis que la suprématie de l'empire romain y dominait (1).

Les anciens édifices de Constantine ont souffert de rudes dévastations. La majeure partie de ceux qui ont été mentionnés par Shaw n'existent plus aujourd'hui. Les belles portes de marbre rouge et l'arc appelé Qasr-el-Ghoulah (2) furent démolis, il y a une vingtaine d'années, pour servir à d'autres bâtisses, et les derniers débris ont été employés dans l'intervalle des deux expéditions de Constantine à la réparation et à l'extension des fortifications.

La description succincte qui va suivre des divers restes d'antiquités existans encore à Constantine et aux environs, commencera par celles de la terrasse de Mansourah.

Auprès du sanctuaire de Sydy-Mabrouk, on voit encore l'enceinte d'une construction bâtie en pierres carrées. Parmi les débris se trouve le fragment d'une inscription (3). La ruine n'offre aucun indice qui puisse faire sûrement reconnaître la destination pri-

----

(1) Voy. *Prov. de Constantine*, par M. Dureau de la Malle, p. 40 et suiv.     *Note des éditeurs.*

(2) Le Château de l'Ogresse.

(3) Voyez l'Appendice, n° 63.

mitive de l'édifice : nous soupçonnons cependant que c'était une station romaine. Il est bon de noter ici que nous ne connaissons pas un seul de ces sanctuaires ou tombeaux de marabouts qui n'ait été élevé sur les fondemens d'un édifice plus ancien ; en voyant de loin la coupole blanche d'une telle bâtisse, seul signe distinctif d'habitation dans ces contrées, on peut d'avance être assuré d'y trouver des ruines plus ou moins considérables, ou tout au moins quelques vestiges de plus anciennes constructions.

Sur les bords supérieurs de la terrasse de Mansourah, en face de la ville et de Koudiet-Aty, on voit des carrières qui datent certainement de l'origine de Cirta. Il y existe aussi quelques excavations artificielles analogues à plusieurs de celles qu'on voit en Egypte, et qui ont, comme celles-ci, trois chambrettes de chaque côté et une septième sur la face, vis-à-vis de l'entrée. Les parois de ces cavernes, dont quelques-unes mesurent 5 mètres en longueur et 4 en hauteur, sont grossièrement taillées dans le roc calcaire, à moins qu'il ne faille attribuer la rudesse de la pierre à une décomposition produite par le temps, ce qui est fort possible. Une de ces parois conserve des restes d'un enduit en ciment, dont la composition ressemble à celui qu'on voit dans les citernes romaines. Ces excavations étaient-elles des tombeaux ou des temples ? Nous croyons y reconnaître des tombeaux, observant toutefois que le temple phénicien de l'île de Gozzo est construit exactement sur le même plan.

Nous avons déja fait mention de la pierre calcaire dont les montagnes de ces contrées sont composées. Quoique des notices géologiques soient étrangères au sujet que nous traitons, il n'est pas néanmoins sans importance de rechercher d'où sortaient les pierres dont se servaient les anciens et dont on se sert encore aujourd'hui dans les construction architectoniques de Constantine. Nous ferons donc observer que les couches inférieures des terrains se composent de schiste ardoisé, la couche immédiatement supérieure de schiste calcaire, la suivante de pierre calcaire solide, d'une couleur gris-foncé; enfin la surface du sol de pierre calcaire spongieuse remplie de fossiles. Les soulèvemens des terrains se sont faits de l'ouest à l'est et les couches sont dans le même sens. La pierre calcaire solide, de couleur grise, est celle qui règne dans les édifices les plus anciens. Elle est cependant loin d'être noire, comme le prétendent quelques auteurs (1). C'est encore moins un marbre noir.

En descendant la pente nord—ouest de Mansourah, on arrive à 4 citernes souterraines, qui occupent un espace de 7 m. 20 c. par 8 m. 15 c. Trois de ces citernes sont parallèles, la quatrième est trans-

(1) Léon l'Africain et Shaw. Voy. *Prov. de Constantine,* pag. 47, 120. *Note des éditeurs.*

versale aux autres et communique avec celle du
milieu par une porte. Elles sont couvertes de larges
dalles de pierre grise. Dans une d'elles, et au-dessus
de la porte mentionnée, est pratiquée une ouverture
ronde de o m. 46 de diamètre, par laquelle on pui-
sait l'eau. L'enduit, encore en assez bon état sur
la partie intérieure des murailles, est épais de 5 cent.

Au-dessous de ces citernes s'étend un long espace
de terrain assez uni sur le bord du précipice dans
lequel coule la rivière. Cet emplacement était
anciennement occupé par un cirque ou hippo-
drome. Les *carceres* ou points de départ étaient en
ligne avec le pont. L'entrée était à l'autre bout vers
le sud où commence le ravin escarpé. Cette entrée
semble avoir été par l'arc appelé Qasr-el-Ghoulah (1)
qui avait trois entrées dont celle du milieu était la
plus large; Shaw fait observer que les pilastres étaient
d'un gout *particulier à Cirta,* ce qui nous fait croire
que cet édifice était peut-être d'une architecture
numidique, conjecture qui maintenant ne peut être
vérifiée, puisqu'il n'existe plus rien de ce monument,
si ce n'est son emplacement que par cette raison
même nous avons eu soin d'indiquer sur notre plan.
La forme générale du cirque, quelques fondemens
des murs qui l'environnaient, et l'extrémité arrondie
vers son entrée, se distinguent encore faiblement.

(1) Shaw, en faisant la description de ce monument, le
désigne comme un arc triomphal ; tr. fr., t. I, p. 159.

La *spina* est enterrée sous le sol charrié par les pluies du haut des côtes rapides de la terrasse de Mansourah. Sur le flanc du cirque qui avoisine la ville, se trouve la fontaine appelée A'ïn-el-Myzâb (1) à laquelle l'eau est conduite, comme l'indique le nom, de la source appelée A'ïn-el-Safsaf (2). Une partie de la construction de A'ïn-el-Myzab, est ancienne, et c'était ici où, suivant Léon l'Africain (3), il existait des caractères hiéroglyphiques, dont aucune trace ne se retrouve maintenant. Plus au nord et à gauche des sentiers, qui du pont mènent au plateau de Mansourah, est situé un autre rang de citernes appelées citernes de Beny-A'ïsâ qui paraissent être de construction plus moderne et qui sont très insignifiantes, vu leur petite dimension et leur mauvaise maçonnerie.

A l'extrémité inférieure des côtes qui séparent la montagne Sydy-Mecyd de la terrasse Mansourah, l'on voit le fameux pont de Constantine, construit sur le grand ravin au fond duquel on entend l'Ouâd-el-Rummel, sans presque l'apercevoir, à cause des escarpemens très rapprochés et des voûtes naturelles sous lesquelles cette rivière a percé son passage (4). Le pont communique à la ville par la porte dite Bâb-el-Qantarah. Les fondemens sont établis

(1) Source du Conduit.
(2) Source du Peuplier.
(3) P. 543, éd. Elzevir, 1632.
(4) Ce ravin commence près de Sydy-Raschid, et ne se

sur une des voûtes naturelles. Il consiste en deux rangs, dont l'inférieur a deux arcades, le supérieur quatre; de ces dernières, les deux du centre n'ont qu'à peu près la moitié de la largeur des deux arches latérales (1). Toute la partie inférieure de l'édifice,

termine qu'auprès des cascades. On le nomme El-Haouah, le Serpentant.

(1) Il est probable que, dans le rang supérieur, l'espace qui est aujourd'hui occupé par deux arches n'en contenait autrefois qu'une seule : c'est au moins ce qu'on peut induire des descriptions de Békri et d'Edrisi : « Les rivières, dit « Békri, vont décharger leurs eaux dans un ravin d'une « extrême profondeur. Dans la partie la plus basse de ce « fossé, est un pont composé de plusieurs arches (l'auteur « désigne ici les voûtes naturelles); au-dessus de celui-ci, « on en voit un second (c'est le premier rang d'arches en « maçonnerie), puis un troisième qui repose sur *trois* arches, « et enfin, par-dessus toutes ces constructions, s'élève un « bâtiment qui est au niveau des deux bords du ravin, « et sur lequel on passe pour entrer dans la ville. » (*Notice de Mss.*, t. XII, p. 516.) Edrisi est presque aussi formel : « Ce pont, dit-il, est d'une structure remarquable. Il se « compose d'arches supérieures et d'arches inférieures au « nombre de *cinq*, qui embrassent la largeur de la vallée. » (Trad. Jaubert, p. 243.)

Edrisi, comme on voit, ne parle pas de cette construction signalée par Békri, qui s'élevait au-dessus du double rang d'arcades, et qui, de niveau avec les deux bords du ravin, donnait entrée dans la ville. Cependant elle méritait une mention particulière. C'était un troisième rang de petites arcades au nombre de douze, dans la forme des petites arches de l'aquéduc du Peyrou, à Montpellier. Voy. *Peys-*

jusqu'à quelques pieds au-dessus de la clef des premières voûtes, et quelques portions plus élevées,
qui sont liées avec les flancs du ravin, sont antiques (1). Le reste est de construction posté-
rieure. Une grande réparation fut faite il y a environ 45 ans par des ouvriers mahonnais, qu'avait
fait venir le bey régnant. Les restaurations tant
antiques que modernes, sont faites avec la pierre
spongieuse de la couche supérieure, dont la couleur,
un peu jaunâtre, produit un effet agréable au milieu des sombres rochers de cette gorge. Nous trouvâmes qu'en général les édifices du temps de Constantin et de ses successeurs, étaient de cette matière
plus facile à travailler, tandis que dans les monumens plus anciens et notamment dans la partie
antique du pont, on a employé la pierre grise, solide.

La longueur du pont, depuis la porte de la ville jusqu'au côté opposé du précipice, mesure 103 métr. 6,

*sonnel et Desfontaines*, t. I, p. 302 et le dessin t. II p. 216.
Il paraît que, dans la réparation du pont qui fut faite en
1793, ce troisième rang de petites arches fut remplacé par
un massif de maçonnerie. Voy. l'ouvr. cité, t. II, p. 348.
Du reste, le dessin de Peyssonnel confirme entièrement la
conjecture de MM. Temple et Falbe sur le nombre des
arches qui composaient autrefois le second rang.

*Note addit. des éditeurs.*

(1) C'est en effet tout ce qui restait sur pied de l'ancien
pont, lorsqu'il a été vu par Desfontaines. Voy. *Peyssonnel
et Desfontaines*, t. II, p. 216. *Note des éditeurs.*

en suivant le coude qu'il forme. La hauteur des
deux rangs d'arcades, depuis leur fondement jusqu'au bord supérieur du parapet, est de 48 m. Les
fondemens des arcades sont à 56 m. au-dessus de la
rivière; hauteur totale de la voute naturelle et du
pont, 104 m. La largeur des fondemens est de 7 m. 60.
Cette largeur diminue un peu vers le haut; mais
une espèce d'excroissance, qui figure une corniche
au-dessous du parapet, rend la largeur de la partie
supérieure de l'édifice presque égale à celle de la
base; elle est de 7 m. 50 c. Nous n'avons pu mesurer d'autres dimensions; mais on pourra juger des
proportions de cette construction remarquable sur le
dessin que nous en avons fait. Sur le côté occidental
du pont se trouve le bas-relief mentionné par
Shaw, représentant une femme debout au-dessus
de deux éléphans en regard. Le dessin qu'en a
fait Shaw est loin d'être exact. Chaque figure est
sculptée sur une pierre séparée, de l'espèce grise
solide, et non sur une seule dalle, comme il le représente. La grande coquille qui formait une espèce
d'éventail au-dessus de la femme, n'existe plus. Avec
les deux mains la femme a relevé jusqu'à la ceinture,
le vêtement supérieur dont elle est drapée(1), tandis

(1) La grossièreté du travail, et les dommages causés par
le temps, ne permettent pas de bien distinguer cette partie
du vêtement. Un de nous pense que la femme porte une
ceinture qui serre son jupon ou vêtement de dessous, et

que la robe de dessous, d'un tissu transparent, ondule autour du corps et en dessine les formes. Elle paraît debout sur la pointe des pieds qui sont joints et se font voir au-dessous de son habillement. La tête incline un peu vers l'épaule gauche. Ses traits sont effacés. Les cheveux nattés descendent sur les épaules et il paraît que le haut de sa tête est enveloppé d'un léger tissu. Les éléphans n'ont maintenant plus de trompe (1); dans l'espace qui les sépare on voit les traces de quelque sculpture en relief dont la forme ressemble à un écusson; mais ce qui y était figuré a été enlevé avec le ciseau. Le récit et le dessin de Shaw, représentant les deux animaux avec leurs trompes entrelacées, conduisaient naturellement quelques personnes à conjecturer que les trompes occupaient vraisemblablement cet espace; mais il est certain qu'il y avait en outre quelque autre objet que le temps a également effacé. Nous avons déja dit que chaque figure se trouve sur une pierre séparée: il n'est pas prouvé que celle qui porte la femme occupe, par rapport aux éléphans, la place qui lui avait été assignée dans l'origine, ou même qu'elle

sur laquelle elle pose ses deux mains, tandis que la robe supérieure ou la tunique, ouverte par-devant, flotte sur les côtés jusqu'au-dessous des genoux. L'habillement entier serait ainsi plus conforme aux modes en usage dans ces temps reculés.

(1) Au premier coup d'œil, leurs têtes ressemblent à des têtes de buffles.

ait primitivement fait partie de ce groupe. Si ces bas–reliefs appartenaient au pont dès son origine, il est évident qu'ils n'étaient point placés à l'endroit où nous les trouvons maintenant : ils ont été incrustés dans les murs, à l'époque d'une des réparations, mais sans aucun plan. A un angle de la corniche d'où partent les arcs inférieurs, l'on voit encore une tête de bœuf ornée de bandelettes. Sur une des pierres de cette corniche est sculptée la partie antérieure d'un poisson (1) et au-dessus on lit les lettres VILIPATR. Il est probable qu'une partie de ce pont est de construction numidique; d'autres parties sont du temps de Constantin et le reste est l'ouvrage des Arabes : le fait est qu'il porte l'empreinte de plusieurs réparations faites à diverses époques. En remontant la rivière de ce point, l'on découvre, dans deux endroits, des débris de ponts ou d'aquéducs, destinés à traverser le précipice; mais il est douteux qu'ils aient jamais été terminés.

Au commencement de cette gorge qui reçoit la rivière et entoure la grande moitié de la ville (2), on voit les restes de larges et solides murailles, destinées à une digue et à une écluse, qui avaient pour but d'arrêter une certaine quantité d'eau dans l'étroite vallée du Ouâd-el-Rummel jusqu'à son confluent avec le Bou-Merzouq; à ce point le Ouâd-el-

(1) Une dorade, ou autre poisson de cette forme.
(2) A 40 pas de la fontaine A'în-el-Qadder.

G

Rummel est déja élevé de 22 mètres de plus qu'à
son entrée dans la gorge, où se trouvent les ruines
de l'écluse qui ne pouvait guère avoir une plus
grande hauteur. Le but de cette digue n'était donc
point d'inonder les champs pour la culture du riz,
du chanvre, etc. : la configuration du terrain s'y opposait. Etait-ce un moyen de recueillir une quantité
d'eau suffisante pour la consommation de la ville,
dans des temps de sécheresse ou de siége? Ou bien
de priver d'eau les jardins et les champs situés sur
les bords de la rivière dans la longue vallée qu'elle
parcourt après s'être échappée des précipices qui
l'étreignent autour de la ville? La construction de
l'aquéduc romain, dont nous allons parler tout-à-
l'heure, prouve que la ville avait besoin d'une quantité d'eau plus grande que celle qui lui était fournie
par son propre sol; mais nous ignorons si l'aquéduc
fut construit après la digue et ses écluses. La grande
quantité de mortier qui se trouve mêlée avec la maçonnerie encore existante de cette dernière construction, ne prouve rien contre son antiquité. Mais
on pourrait baser une conjecture assez plausible sur
l'absence de tout vestige de pierres taillées. Si l'on
admet de plus que la digue et les écluses ont été
construites pour arrêter les eaux et priver ainsi les
propriétés agricoles de la vallée inférieure, d'une
irrigation indispensable à leurs récoltes, il faudrait
rapporter l'origine de ces constructions à une époque où l'on avait besoin de mesures sévères pour

assurer la soumission des populations de la campagne, et dans ce cas on ne peut assigner à cette origine un temps plus reculé que le sixième siècle. Quoi qu'il en soit de l'époque et de la destination de cette bâtisse, il est certain que le rétablissement de la digue et de l'écluse, offrirait aux Français maîtres de la ville, le double avantage d'être abondamment pourvus d'eau en cas de siège, et de posséder un puissant moyen de répression contre les habitans de la vallée.

Sur la rive droite de l'Ouâd-el-Rummel, un peu plus haut que son confluent avec le Bou-Merzouq, existent six arcades d'un aqueduc romain solidement construit en pierres taillées calcaires de la couche supérieure. On les nomme el-Qouâs (les arcs). Dans la partie encore existante, le pilier le plus élevé a 20 m. 50 c. de hauteur. Au pied de la base, les piliers sont larges de 6 m. 75 c., sur une épaisseur de 4 m. 50 c. La largeur des piliers diminue graduellement et n'a plus que 4 m. au-dessous de la corniche, où elle se trouve égale à l'épaisseur. A la distance de 17 m. 25 c. du plus haut pilier, on trouve un autre arc, dont la clef est à peu près au niveau avec la base de ce pilier. Les dimensions de cet arc sont plus fortes que celles des piliers dont nous avons parlé, prises à leur base : sa direction est oblique avec l'aqueduc vers le travers de la rivière : son élévation est au moins de 10 à 12 m., et il n'existe nulle autre part des traces du prolongement de l'aquéduc au-delà de la rivière. La différence de niveau entre la partie existante de l'aquéduc et la rivière, nécessitait naturellement un rang d'arcades inférieures. Dès-lors on pourrait croire que l'arcade en question faisait partie de ce rang inférieur. Cependant, en considérant l'ensemble de ce morceau, la différence qui existe entre ses dimensions et celles de l'aquéduc, ainsi que l'élévation de la voûte, un de nous le regarde comme postérieur à l'aquéduc, doute qu'il ait appartenu à celui-ci et pense qu'il faisait partie d'un pont, construit sur la rivière avec les débris de l'aquéduc lui-même.

A environ deux cent cinquante pas plus loin en remontant la rivière, on distingue les traces d'un ancien pont et d'une route qui, se dirigeant vers le sud-est, communiquait avec *Sigus* et d'autres villes.

Sur les hauteurs de Mesâly (1) et de Koudiet-Aty, l'on voit, dans divers endroits, beaucoup de vestiges d'anciennes constructions, parmi lesquelles on distingue particulièrement la continuation de l'aquéduc. Le canal qui renfermait l'eau, avait une largeur de o m. 60 c. et les murs latéraux sont de la même dimension. Son élévation à ce point et celle qu'il devait avoir pour conduire l'eau dans la ville même,

(1) Lieu de prière. On écrit aussi, et l'on prononce Emsâly ; mais le dictionnaire donne la première orthographe.

devaient être de 110 m. pour la belle partie qui, en traversant le Ouâd-el-Rummel, ne peut avoir eu moins de cinq rangs d'arcades chacun de 22 m. d'élévation. Si nos conjectures sont justes, si le canal sur le Koudiet-Aty faisait partie de l'aquéduc et que celui-ci conduisit l'eau dans la ville même, ce dont il est difficile de douter, il surpassait en beauté et hardiesse ceux du pont du Gard et de Ségovie.

Shaw assure que l'eau qui alimentait cet aquéduc venait de Fesqyah, lieu distant de 18 ou 19 milles au sud de Constantine; mais il ne nous dit pas s'il avait vu des traces de ses ruines dans la direction de cette ville, qui était probablement l'ancienne *Sigus*. Son nom moderne, qui signifie *réservoir d'eau*, rend plus probable encore l'opinion que l'aquéduc y prenait son origine.

Parmi les autres ruines du Koudiet-Aty, l'on voit, dans plusieurs endroits, les restes d'une voie romaine, encore intacte à l'endroit où se trouve le canal du grand aquéduc. Cette route est pavée avec des pierres dures et de couleur grisâtre, de la seconde couche. Elles sont placées en losanges : leurs dimensions varient un peu, mais la majeure partie mesuraient 1 m. de long sur 60 c. de large, et 12 c. d'épaisseur. La route est large de 5 m., bordée par une petite banquette élevée de 35 c. au-dessus du pavé (1).

(1) La voie romaine de Constantine à Stora, reconnue en avril 1838 par M. Puillon-Boblaye, est large de 6 mètres.

Une seconde voie romaine, pavée de la même manière que l'autre, passe près du Bardo, où étaient les écuries du bey. La position et la direction des traces qui en restent, font supposer qu'elle traversait le Ouâd-el-Rummel à l'endroit qu'on appelle aujourd'hui Mdjez-el-Ghanem (1).

Sur la hauteur de Mesâly, on voit les ruines de nombreuses citernes occupant un espace assez considérable. Leur forme irrégulière et l'état de ruine complet dans lequel elles se trouvent, nous fit regarder comme superflu d'en mesurer les dimensions encore reconnaissables sur quelques points. Un second aquéduc dont il existe encore quelques fragmens de piliers, conduisait l'eau de ces citernes à la ville. Quelques uns des piliers étaient creux et enduits en dedans d'un ciment, ce qui fait conjecturer qu'ils se remplissaient par le canal à leur sommet et qu'ils étaient destinés à servir comme autant de fontaines par le moyen de robinets placés vers leurs bases. Une partie de l'eau servait ainsi aux besoins des habitans de ce faubourg.

Le niveau des citernes est à plusieurs mètres au-dessus du canal du grand aquéduc. Nous cherchâmes en vain des traces de canaux qui pussent les avoir alimentées. Elles étaient donc seulement remplies

très bien conservée, et l'un des plus beaux ouvrages de ce genre que l'on puisse voir.

Not. des éditeurs.

(1) Le Gué des Troupeaux.

par la pluie qui tombait sur leurs terrasses et sur l'étroite partie de la colline qui est au-dessus de leur niveau; à moins qu'on ne veuille admettre qu'il y avait des sources jaillissantes dans leur enceinte.

Sur le versant sud-ouest de la sommité de Kou-diet-Aty, on voit encore les restes de cinq citernes, qui, quoique petites, se distinguent par la solidité des matériaux employés à leur construction, et dont l'origine est au moins aussi ancienne que celle des citernes de la Qasbah, que nous décrirons plus bas avec les autres antiquités de cette citadelle.

Les collines de Mesály et de Koudiet-Aty sont maintenant occupées par une nécropole, dont les monumens sont consacrés à plusieurs saints arabes.

Cet état de choses a fait présumer à plusieurs personnes, que ces lieux, dans les anciens temps, avaient la même destination; mais il y a lieu de croire qu'il y avait en outre un faubourg. Les nombreuses substructions qu'on y voit dans plusieurs endroits serrées les unes contre les autres, les diverses relations que nous ont laissées les anciens auteurs sur la grande population de Cirta, qui ne pouvait certainement être réunie dans l'enceinte des murs, la conviction positive que ces murs ne se sont jamais étendus au-delà de leurs limites actuelles, tout nous persuade que la ville avait alors des faubourgs. L'un était celui que nous venons d'indiquer et l'autre était vraisemblablement situé dans l'étroite vallée à l'est du pont, auprès du cirque et du Qasr-el-Ghoulah.

Dans le flanc de la colline, près du Bardo, il existe un creux ayant précisément la forme d'un théâtre, mais il est maintenant difficile de reconnaître l'existence d'un tel monument, toute trace de maçonnerie et de fondemens ayant disparu. Près du sommet du col qui réunit la colline de Koudiet-Aty à la ville, sur la pente ouest, au pied du cimetière, l'on voit un creux semblable, faisant face au nord; la corde de l'arc mesure 83 m. 5o c. Il n'en reste que fort peu de débris, mais assez pourtant pour se former une idée des proportions. Le site était admirablement choisi à cause de la vue très étendue dont on jouit de ce point élevé sur la belle vallée du Rummel.

Un peu plus bas, sur cette même pente occidentale, il y a une source appelée A'in-el-Foul (1), et auprès d'elle une pierre sépulcrale en forme d'autel, sur laquelle sont sculptées des inscriptions (2). La seule inscription de Koudiet-Aty se trouve sur un tombeau musulman, près du sanctuaire de Sydy-Abd-el-A'zyz (3). Le fragment d'une autre inscription, placée sur la tombe d'une jeune fille qui n'avait vécu que douze ans, devint remarquable en ce que la terre, près de ce fragment, fut baignée du sang du brave général Damrémont. Ce précieux débris devrait maintenant être en France.

(1) Source de la Fève.

(2) Ce sont deux inscriptions tumulaires, dont une est double. Voy. l'Append., n⁰ˢ 64 , 65.

(3) C'est aussi une inscription sépulcrale.—An

En descendant cette colline vers l'ouest, on arrive
à l'endroit de la vallée où le Ouâd-el-Melah (1) se
joint au Ouâd-el-Rummel. Le nom dérive de la
qualité saumâtre de ses eaux, dont la température
était de 17° centigrade. Les deux bords du ravin de
cette petite rivière étaient autrefois réunis par un
pont, dont on voit les débris, mais dans un tel état
de délabrement, qu'on n'ose pas même conjecturer
à quel âge remonte sa construction. Shaw prétend
qu'il était romain. Maintenant il existe un seul arc
de construction mauresque, qui conduit un filet d'eau
douce d'un bord du ravin à l'autre. Sur la rive droite
du Rummel, vis-à-vis son confluent avec le Ouâd-
el-Melah, est située une maison de campagne, appelée
le Jardin de Mustapha l'Anglais, élevé sur les fon-
demems et les matériaux d'une ancienne bâtisse;
et dans l'angle formé au confluent par les rives
gauches des deux rivières, il y a également des débris, soit d'un quai, soit d'un autre édifice antique.

Sur le haut de la colline, à l'est de ce jardin, en
face du rocher perpendiculaire au sommet duquel
la ville est perchée à plus de 200 mètres au-dessus
de la rivière, se trouve un amas confus et sauvage
d'immenses blocs de rochers, appelé Hadjar-el-Ensârah (2), où, disait-on, il y avait des antiquités,
mais où il n'y a maintenant que quelques pierres
taillées, clair semées sur le terrain. Les habitans

(1) La Rivière salée.
(2) Pierre de la Chrétienne.

attachent à ces pierres une tradition fabuleuse, dépourvue de tout intérêt historique, et ne retraçant aucun fait marquant. On disait aussi qu'il y avait des antiquités près d'une maison de campagne du bey, située à deux ou trois milles au nord : les circonstances ne nous permirent pas de vérifier ce fait.

Traversant le Rummel au S.-E. de Hadjar-el-Ensârah, on arrive aux cascades que forme cette rivière, en s'échappant des gorges et des cavernes qui la resserrent autour de la ville. Ici l'on voit en grande quantité des ruines d'édifices, tant anciens que modernes. Dans tous les âges, ce lieu a été occupé par des moulins, et il en existe encore quelques-uns de bien misérables. Parmi les anciennes constructions, il y en a une qui semble remonter à l'époque des Numides, ou avoir été construite conformément à leur style d'architecture durant l'époque romaine. C'est un mausolée formé de petites pierres, liées avec beaucoup de ciment, et garni de pierres de taille à l'extérieur. Maintenant celles-ci ont disparu, et il ne reste que le blocage. Il est adossé au rocher d'où partent les trois côtés du rectangle, sur lequel le corps du monument est élevé. La plateforme mesure 22 m. 70 cent., par 11 m. 55 cent., et le monument même a, à sa base, 18 m. 30 cent. de long, sur 9 m. 35 cent. de large. A la hauteur de trois mètres au-dessus de la plateforme, la bâtisse se rétrécissait successivement en pyramide par des degrés ou des marches, chacune d'un mètre de hauteur. S'il existe une chambre sépulcrale à l'intérieur, il y a lieu de croire qu'elle n'a pas été fouillée, quoique les Arabes aient essayé d'y pénétrer par deux endroits. Dans un des moulins voisins, se trouve une inscription sépulcrale (1).

Un peu plus haut, vers le sud-est, est la source de Sydy-Meymoun. Les Romains, et peut-être leur prédécesseurs, y avaient construit des bains, dont quelques parties, y compris les voûtes, existent encore. L'eau marquait, tant ici qu'à la source A'ïn-el-Ghadyr (2), 29° centigrade. Ces sources thermales ont la réputation d'être efficaces contre les rhumatisme et les plaies. On vante aussi les merveilleuses qualités des tortues dont elles abondent, employées comme aliment restaurant, surtout pour les poitrinaires. Cette renommée leur est commune avec celles qu'on trouve auprès d'autres sources tièdes, à Utique, par exemple, à Qourbès et à Hammâm-el-Enf. La pierre dont Shaw (3) fait mention, comme formant une des marches par lesquelles on descend (4) à la source de Sydy-

(1) C'est l'épitaphe d'une jeune fille dont la famille semble avoir eu quelque éclat en Afrique. V. l'Append., n° 66.

(2) La Source jaillissante,

(3) Voy. la descript. de cette pierre dans Shaw, t. I, p. 160.

(4) La traduction française de Shaw porte : *par lesquelles on MONTE*; c'est une erreur : la source est au bas de l'escalier.

Meymoun., existe encore. Elle gît près du bord de l'eau, au-dessous de l'escalier, dont elle formait une des marches inférieures, et qui, de l'entrée sous la voûte, descend jusqu'au réservoir des bains. L'inscription est presque entièrement effacée. On distingue encore le crabe, mais au lieu d'un bœuf sanglé portant un fardeau et marchant au pas, nous vîmes un bélier courant. Deux inscriptions sont murées, l'une, à l'extérieur de la bâtisse; l'autre, au-dessus de la voûte qui donne issue aux eaux du réservoir (1). Quand on se trouve auprès des cascades et qu'on veut entrer dans la ville par Bâb-el-Qantarah, on n'y arrive qu'en faisant le tour de la montagne Sydy-Mecyd; dans ce trajet, nous n'observâmes aucune antiquité.

## X. ANTIQUITÉS DE CONSTANTINE.

Après avoir noté toutes les antiquités que nous avons observées autour de Constantine, passons à celles de la ville même. Les murs de fortification sont, en grande partie, romains; mais ils ne remontent probablement pas au-delà du règne de Constantin. Edrisi (2) remarque que les murs d'enceinte n'ont que trois pieds de hauteur, *si ce n'est*

(1) V. l'Append., nᵒˢ 62 et 61. La première de ces inscriptions a été publiée par Shaw, mais d'une manière inexacte.
(2) Trad. Jaubert, p. 242 et suiv.

*du côté de Milah.* Si notre géographe arabe a eu en
vue les murs antiques qui bordent le côté nord de
la Qasbah, nous dirons avec lui qu'ils n'ont que
quelques pieds de hauteur, c'est-à-dire quatre à
cinq pieds ; mais à la rigueur, on pourrait dire que
les murs n'existent que sur deux points de la ville :
au sud-ouest et à l'ouest ; partout ailleurs, les ravins
et les rochers escarpés forment les remparts. Les
anciennes portes de la ville ont toutes été détruites ;
celles qui existent maintenant sont de construction
arabe, et n'offrent à l'œil aucune particularité archi-
tectonique.

Dans l'intérieur de Bâb-el-Djebiah, se trouvent
trois inscriptions latines et une grecque (1). Sur la
face extérieure de la courtine, construite l'an dernier
par Ahmed-Bey, de Bâb-el-Djebiah à Bâb el-Ouâd,
on a scellé une pierre qui porte aussi une inscription assez importante (2). Cette inscription qui a, dit-
on, appartenu à des bains publics, fut malheureusement endommagée lorsqu'elle fut encastrée dans les
murs de la ville. En entrant dans la ville par la brèche
qui est attenante au bastion carré sous lequel
s'ouvre la porte dite Bâb-el-Ouâd, on en trouve
immédiatement une autre, qui était jadis une des
portes de sortie. Mais, par l'extension progressive
des fortifications, elle se trouve, depuis long-temps

(1) Append., nos 67, 68, 69 et 70.
(2) Append., n° 72.

déja, dans l'intérieur de la ville. Elle est fabriquée avec des matériaux appartenant à d'antiques édifices, et donne passage à la rue dite Souq-el-A'taryn (1). Au bout de cette rue, on rencontre le Tetrapylon, dont il n'existe que les trois portes. Les dimensions de cet édifice sont un peu irrégulières ; mais on ne s'en aperçoit qu'en les mesurant. Nous y avons trouvé deux inscriptions qui pourront fournir des renseignemens sur l'âge et sur le fondateur de cet édifice (2). Dans une rue à gauche, et assez rapproché du Tetrapylon, il existe une seule arche en marbre blanc ; mais elle est tellement encaissée dans les murailles des maisons environnantes, qu'il est impossible de deviner si elle était isolée ou si elle faisait partie de quelque édifice. Une autre arche, avec une inscription (3), existe aussi dans une des ruelles voisines.

La Qasbah, ou la citadelle, est située au nord dans la partie la plus élevée de la ville, séparée d'elle par de grandes murailles construites en grosses pierres de taille, et dont quelques fondemens datent d'un temps très reculé. Les parties encore debout sont apparemment du temps des Constantins, peut-être même postérieures. On y voit mêlés, non-seulement

(1) Marché des épiciers, des parfumeurs.
(2) Malheureusement les dernières lignes sont très frustes dans les deux inscriptions. Voy. l'Append., n°s 80, 81.
(3) Elle est encore fort endommagée. — App., n° 83.

des restes de murs anciens de différentes époques, mais aussi des débris de divers édifices; par exemple, des fragmens de colonnes, de frises, de chapitaux d'architraves, etc. D'après l'inscription (1) que nous y avons trouvée, il paraît que les Romains l'appelaient le Capitole. A l'angle sud-est, les murs se trouvent interrompus par une suite de citernes, au-dessus desquelles on a construit les batteries de la Qasbah qui font face à la tarrasse de Mansourah. Deux embrasures de canons sont établies dans les citernes mêmes. Quatorze de ces citernes ont chacune la même longueur, 36 m.; quatre autres ont 29 m. 90 cent.; celles-ci et les deux de l'extrémité, sont coupées par une septième citerne, qui forme, avec elles, un angle de 90°. L'espace qu'occupent ces citernes a 100 m. 60 cent. de long, sur 38 m. 07 cent. de large. Construites, comme celles de Carthage et d'autres villes, en petites pierres liées avec beaucoup de mortier, elles pourraient prétendre, peut-être, à une origine numidique (2). Ces citernes ne peuvent pas être celles que Shaw (3) dit avoir trouvées au centre de la ville. « Il y en avait, dit-il, vingt environ qui occupaient

(1) Append., n° 98.
(2) Ici nous différons d'opinion : l'un de nous pense que ces citernes sont de construction romaine, comme celles de Malqah, d'Hippône, etc.
(3) Tr. fr., t. I, p. 157.

un terrain de 50 verges en carré (1). » Les recherches les plus minutieuses n'ont pu nous faire re-
trouver ces singulières citernes.

Il existe, dans la Qasbah, une ancienne église
d'architecture byzantine. Elle est presque intacte ;
sa principale entrée s'ouvrait au nord-ouest, et
l'autel était à l'autre bout de l'église, en face de la
porte. Sur ses murs sont sculptés deux bas-reliefs,
dont l'un représente une équerre, l'autre un
phallus (2). Cette église est construite en partie sur
l'emplacement et avec les matériaux d'un édifice plus
ancien, qui est, sans contredit, le plus remarquable
de tous ceux que renferme la Qasbah. Sa forme est
rectangulaire. Il en reste dix bases de colonnes en
place, et une renversée dans l'enceinte. Ces bases,
ainsi que les parties des murailles, dont on retrouve
les fondemens en plusieurs endroits, sont faites avec
la pierre calcaire solide et grisâtre. Six d'entre elles
sont alignées à travers l'église, et la divisent, dans
sa largeur, en deux parties inégales (3). Une suite
de huit marches, également en pierre calcaire grise,
conduit au niveau du pied de ces colonnes. Ceci est

(1) Environ 41 m. 50 c. carrés.
(2) On y trouve aussi deux fragmens d'inscriptions en
grandes lettres. Voy. l'Append., n°s 94, 95.
(3) Ceci explique pourquoi Shaw (t. I, p. 158) et Peyssonnel (t. I, p. 307) ne parlent que de quatre piédestaux :
ils avaient remarqué seulement ceux qui étaient encore debout hors de l'ancienne basilique.      *Note des éditeurs.*

le *grand et magnifique* édifice dont Shaw fait mention, et qu'il désigne sous le nom de Portique.
Maintenant il en reste trop peu pour se former une
idée positive de sa première destination. Cela á pu
être un palais, un forum, un temple, deux temples,
peut-être. Oserions-nous émettre une conjecture?...
Sans trop nous abandonner à ce qu'une pareille idée
peut offrir de séduisant à l'imagination, nous avons
cru reconnaître dans ces ruines, l'ancien palais de
Syphax et des rois numides; dans ces colonnes, le
portique sous lequel son épouse Sophonisbe, fille
d'Asdrubal, princesse d'une grande beauté et à la
fleur de son âge, se jetta aux pieds du vainqueur
Massinissa, implorant sa protection contre la bruta-
lité des Romains.

A l'exception des débris de colonnes, de chapitaux, d'inscriptions, dispersés sur plusieurs points
de la ville, nous avons mentionné toutes les antiquités importantes qu'elle renferme. Elles semblent en
petit nombre et bien insignifiantes, lorsque la mémoire se retrace la splendeur de Cirta, telle qu'elle
fut sous les souverains numides, et sous la domina-
tion des Romains, jusqu'à l'époque de la guerre
entre Alexandre et Maxence. C'est alors qu'elle
souffrit la dévastation la plus considérable; car,
jusque-là, elle s'était toujours rendue par ca-
pitulation, et conséquemment ses monumens
avaient dû être respectés. Les gouverneurs de
l'empereur Constantin durent renverser maintes

constructions endommagées pendant la guerre, pour fournir les matériaux nécessaires à celles qu'ils firent ériger ou restaurer. Les musulmans qui y ont dominé pendant 1100 ans, n'ont trouvé, sous leurs mains dévastatrices, que les bâtisses mal dessinées et encore plus mal construites à travers les siècles des Constantins, des Vandales et des empereurs de Byzance.

### XI. ÉTAT ACTUEL DE CONSTANTINE.

La ville moderne de Constantine est peu remarquable en elle-même, et dans ce qui vient d'être dit, nous avons déja fait connaître quelques-unes des particularités qui la distinguent, et auxquelles il nous reste très peu de chose à ajouter.

La position géodésique n'avait pas été déterminée pendant la première expédition et laissait beaucoup à désirer. Les observations de latitude que nous trouvâmes l'occasion de faire pendant le siége et après la prise de la ville (1) avec un petit instrument universel, le seul qui restait en état de service, doivent naturellement se ressentir des difficultés que nous avons éprouvées, soit pour maintenir son parfait nivellement, soit pour trouver des emplacemens convenables. Le temps était peu favorable. Souvent on guettait le soleil pendant toute la journée, sans

(1) Voyez plus haut, § VI.

même obtenir un seul angle horaire, et les personnes qui se moquaient d'une pareille assiduité,
celles qui envoyaient à tous les diables la science et
ses adhérens, avaient beau jeu pour railler et pour
maudire ceux qui luttaient ainsi contre tous les
obstacles.

Comme le sextant avait été endommagé, il devint
impossible d'obtenir un série de distances lunaires
pour en déduire la longitude de la ville. Il fallut,
pour déterminer cette longitude, le hasard d'une
éclipse totale de lune le jour même de l'assaut. Le
résultat de l'observation place la ville à 3° 40′ 15″ à
l'est de Paris. Cette longitude diffère sensiblement
de celle qu'on assigne à Constantine dans la carte de
la province, récemment publiée par le dépôt de la
guerre. Mais quand on sentira la nécessité de reve-
nir sur un travail qui laisse encore beaucoup à désirer, on reconnaîtra que si notre calcul est fautif,
ce n'est pas en reculant trop la ville du côté de l'oc-
cident.

La latitude de la Qasbah, rapportée à celle
de la brèche, est de 36° 21′ 3″. L'azimuth du monument de Soumah, l'objet le plus éloigné de ceux
qui étaient fixés topographiquement, est de 134°
50′ 40″ du nord à l'est, pris au pied de la brèche. Il fallait enfin déterminer l'élévation de la
ville au-dessus de la mer, avec les instrumens de
nivellement qui restaient après la rupture du baromètre. Nous trouvâmes le point culminant de

la Qasbah à 700 m. au-dessus de la mer, élévation que les données vagues de quelques relations avaient estimée à 1,400 m. (1).

Aujourd'hui Constantine occupe environ 430 mille mètres carrés. Cette superficie est la septième partie de celle de Tunis : elle dépase d'un huitième celle de Sousa (2). Les auteurs les plus accrédités estiment sa population beaucoup trop haut. Pour un pareil calcul, on ne peut se guider ni sur les forces militaires, ni sur les revenus annuels. Les registres de naissances et de décès sont chose entièrement inconnue dans le pays. On ne peut se fier aux rapports toujours exagérés des indigènes, et l'on ne saurait juger de la population entière par le nombre d'individus extrêmement limité que contenait la ville une quinzaine de jours après la conquête. Mais on pourrait obtenir une approximation assez probable, en établissant une proportion entre la superficie et la population. Tunis et Sousa, auxquelles nous avons comparé Constantine pour la superficie, ont, la première 110 mille, la seconde 5 mille habitans. Ceci limiterait la population de Constantine au-dessous de 16 mille ames, dans l'état où elle était pendant le règne d'Ahmed-Bey : à des époques plus heu-

(1) Voy. *Peyssonnel et Desfontaines,* t. II, p. 331, et la note de M. Dureau de la Malle.        *Note des éditeurs.*

(2) Sousa est dans le royaume de Tunis. Son étendue est de 383 mille mètres carrés. Voy. pl. VI des *Recherches sur l'emplacement de Carthage,* etc., par Falbe.

reuses , ce nombre    a pu s'élever jusqu'à 18 ou
20 mille.

Le grand ravin appelé El-Haouah, prend naissance
à la pointe sud, se dirigeant à l'est, environne la
ville jusqu'à la pointe nord, et la sépare de la montagne Mecyd et de la terrasse de Mansourah. Au nord-
ouest, les escarpemens des rochers et leur grande élévation, forment une barrière entre la ville et la vallée;
et au sud-ouest, un col, large d'une centaine de mètres seulement, conduit de Koudiet-Aty à la ville
par les deux portes Bâb-el-Djédid et Bâb-el-Ouâd.
De ce col les ravins descendent au nord et au sud et
se terminent dans les deux vallées, près de la rivière. Le Koudiet-Aty tient aux collines qui se rat-
tachent à la montagne Schatbah, située vers l'ouest.
Le plateau de la ville est par conséquent le dernier
contrefort de cette rangée de collines. El-Haouah la
sépare entièrement de Djebel-Mecyd et de Stah-
Mansourah qui, appartenant aux collines appellées
Djebel-Ouahech, se terminent au sud-est par la montagne Abou-Ghâreb.

Le nom de *Sufegmare* ou *Souf-jim-mar* attribué
au Rummel par Léon l'Africain (1) et par Hében-
streit (2), est inconnu aux habitans actuels. Nos
investigations à ce sujet ont eu pour unique résultat de nous faire connaître que le marché aux



(1) Pag. 39 et 737.
(2) Dans *Ann. des Voyages*, t. XLVI, p. 61.

dattes, qui se tient devant Bâb-el-Djebiah, s'appelle Souq-el-Djemmâr (1). Le marché aux laines, Souq-el-Souf, est situé au nord du col et de Bâb-el-Djédid. Le marché au blé, El-Rahbah, se tient entre cette porte et Bâb-el-Ouâd, d'où vient que cette dernière est aussi nommée Bâb-el-Rahbah.

Les productions de la province de Constantine consistent principalement en céréales et en laines. On y cultive encore le lin, le cumin, le safran, le carvi, des légumes et des fruits de différentes espèces. Le miel et la cire s'obtiennent avec facilité des rûches sauvages. Les oliviers et les mûriers sont rares dans le voisinage immédiat de la ville. La filature de la laine, dont on tisse des bernous estimés, les tanneries pour les cuirs et les peaux, dont on fait des selles, des bottes, etc., sont les industries les plus répandues parmi les habitans.

Des provinces méridionales on y apporte des dattes, des couvertures et des tissus en laine de plusieurs genres, de la cire, des esclaves, de la poudre d'or, des plumes d'autruches, etc. Constantine est

(1) Serait-il possible que les voyageurs qui attribuent ce nom au Rummel eussent été mal compris par ceux qu'ils questionnaient, et qu'on leur eût répondu une chose pour une autre? Ceci ne serait pas improbable, vu la petite distance qui sépare le Souq-el-Djemmâr de l'entrée du Rummel et du grand ravin de Haouah. Si le questionneur était placé devant Bâb-el-Djédid, vers le Koudiet-Aty, le quiproquo se comprendrait encore plus facilement.

le dépôt des productions qui s'exportent de la province même et des pays situés au sud et à l'ouest. C'est d'ici qu'on trafique ensuite avec Bône et Tunis, les deux principaux débouchés de ce commerce. Cette ville a toujours exercé une grande influence sur les pays environnans, dont elle est à la fois le centre, le dépôt de commerce et la forteresse. Les Arabes ne peuvent se dispenser de leurs rapports avec elle; aucune autre ne leur offre la même sûreté, les mêmes facilités de communication : par sa position et son importance elle est le point où commencera l'action de la civilisation qui, comme du temps de Massinissa, doit changer les populations nomades en peuples agricoles.

Il a déja été observé que les maisons de Constantine et d'autres villes des montagnes, ont des toitures en tuiles au lieu de terrasses. La distribution intérieure est généralement la même qu'à Alger et à Bône. L'aspect de la ville est sombre, car on ne blanchit pas l'extérieur des maisons. Plusieurs sont bâties sur des silos creusés dans le sol où l'on conserve le blé pendant des années sans qu'il se détériore; mais la majeure partie des silos (el-Retebah), se trouvent sur la colline entre Mesali et l'aqueduc du Rummel. Les rues sont très étroites et très sales; la plupart sont cependant pavées. L'eau n'est pas abondante dans la ville, quoique le plus grand nombre des maisons ait des citernes. C'est à A'ïn-el-Azab, près du pont, et à Mdjez-el-Ghanem qu'on puise pour l'approvisionnement de la ville.

La ville a une douzaine de mosquées de quelque importance et un grand nombre de sanctuaires avec de petites chapelles. Leur architecture ne se distingue ni par la grandeur ni par l'élégance. Les livres manuscrits trouvés dans les mosquées furent emportés pour augmenter la bibliothèque d'Alger.

Le palais du bey est de structure récente; il consiste en un assemblage de huit maisons. Au milieu on a pratiqué des cours et des jardins d'orangers avec des fontaines en marbre. Des cloîtres en arcades surmontés de galeries ouvertes règnent autour des cours et des jardins. Ces cloîtres et ces galeries donnent accès aux appartemens qui sont assez spacieux, et dont les fenêtres s'ouvrent sur les cours. Ce palais ressemble du reste à toutes les maisons maures de quelque apparence; mais rien n'y est remarquable sous le rapport de l'art. Les colonnes n'ont que 7 à 8 pieds y compris le chapiteau et la base; l'exécution des ornemens est au-dessous de toute critique. Ce qu'il y avait de plus curieux ou de plus singulier, c'étaient les peintures à fresque qui ornaient les murs dans les cloîtres des deux cours principales. Là, dans différens compartimens, on voyait représentées, avec des couleurs tranchantes, sans aucune règle de proportion ni de perspective, les principales villes des pays musulmans, depuis Fez et Maroc, jusqu'à la Mecque et Baghdad, depuis le Caire jusqu'à Stamboul. Dans le nombre Constantine se trouvait comme de raison. De grands pavillons rouges flottant sur la Qasbah et sur les bastions, occupaient, avec le palais, plus d'espace que la ville entière. On avait eu soin d'écrire au-dessus de chaque objet, ce qu'il signifiait, et au-dessus du palais du bey, en lettres blanches, sur un ciel bleu de Prusse, figurait cette inscription :

« Ce séjour fortuné brille et resplendit de beauté
« aux regards des spectateurs. Le sultan qui y ré-
« side est El-Hadj-Ahmed Bascha, que Dieu le rende
« victorieux contre le peuple des infidèles ! Dieu a
« dispersé comme la poussière ses antagonistes et
« ses envieux. Que Dieu le protège ! Qu'il augmente
« sa gloire et sa puissance, qu'il lui donne des pa-
« lais dans le jardin des béatitudes éternelles, et
« qu'il les peuple de millions de houris, pour com-
« bler sa félicité !

« S'il plaît à Dieu. Amen. »

8

# EXPLICATION DES PLANCHES.

## PLANCHE I.

Fig. 1. Fragment de sculpture trouvé à Qalmah.

Fig. 2. Inscription numidique découverte dans la même ville. Voyez la relation, page 25.

## PLANCHE II.

### PLAN DES ENVIRONS DE BONE.

Fig. 1. Ruines d'Hippône, citernes, théâtre. Voyez pages 4 et 6 de la relation.

Fig. 2. Bas-reliefs du pont de Constantine. Voy. pag. 89 et suiv.

Fig. 3. Monument en ruines nommé *El-Soumah*. Il est au sommet d'une colline portant le même nom, située à 5 lieues S. E. de Constantine. Voy. page 38 et suiv.

Fig. 4. Plan d'une maison que les fouilles ont mise à découvert sur le sol de Carthage; c'est la ruine portant le n° 70 dans le plan général de M. Falbe. L'esquisse ne représente pas la maison tout entière, qui s'étend bien certainement au-delà du carré, mais seulement la partie de cette maison mise à nu par la fouille. On n'a creusé que la moitié du cercle intérieur, et l'on est arrivé à une profondeur de 20 pieds sans trouver les portes qui devaient y aboutir. La galerie circulaire A était couverte d'une voûte; des voûtes réunissaient aussi l'un à l'autre les pilastres intérieurs.

Fig. 5. *Citernes de Carthage.* Nous ne donnons le plan de cette construction remarquable, déja publié par Shaw et par M. Falbe, que pour faire connaître une nouvelle citerne et un puits récemment découvert aux points B et A. On a creusé jusqu'à 12 mètres 50 cent., sans trouver les fondemens. On creuse maintenant au point C, pour voir s'il existe un puits correspondant à celui qu'on a trouvé au point A.

Fig. 6. Plan des ruines d'A'nnounah. Voyez page 31 et suiv. Les lettres *a*, *b*, *c*, *d*, *e*, placées à côté de chaque construction importante de ces ruines, renvoient à la planche suivante.

## PLANCHE III.

### RUINES A A'NNOUNAH.

Fig. 1. Voy. le plan de cette construction, pl. II, fig. 6, en *a*.
Fig. 2. Voy. — — pl. II, fig. 6, en *b*.
Fig. 3. Voy. — — pl. II, fig. 6, en *c*.
Fig. 4. Voy. — — pl. II, fig. 6, en *d*.
Fig. 5. Voy. — — pl. II, fig. 6, en *e*.

## PLANCHE IV.

### MOSAÏQUES ET PEINTURES A FRESQUE DÉCOUVERTES A CARTHAGE.

Fig. 1. Mosaïque trouvée à Carthage dans la maison portant le n° 90 sur le *Plan du terrain et des ruines de Carthage,* par M. Falbe.

Fig. 2 et 3. Figures de poisson et de lion peintes à fresque sur les murs de la même maison.

Fig. 4, 5, 6. Caractères tracés sur les murailles de la même maison.

Fig. 7. Peintures à fresque sur les murs d'un bâtiment portant le n° 87 dans le plan de M. Falbe, et nommé *Dâr Benát es Soltán* (ou maison des filles du roi). Ces peintures représentent un paysage, avec des arabesques et diverses figures.

———

# APPENDICE.

## AVERTISSEMENT DES ÉDITEURS.

Nous donnons ici les inscriptions qui ont été recueillies par S. Grenville Temple et M. C. T. Falbe, à Bône, à Hammâm-el-Berda, à Râs-el-A'qbâh, à Qalmah, à A'nnounah et à Constantine. La plupart de ces inscriptions étaient inconnues jusqu'ici; quelques unes seulement, parmi celles de Qalmah, ont été publiées et rétablies par M. Hase, dans le *Journal des Savans*[1]. Nous les avons attentivement comparées avec les copies qui nous ont été transmises par S. Temple et M. Falbe, et cet examen nous a convaincus, 1°. que toutes les inscriptions importantes de Qalmah n'avaient pas été publiées; 2°. que, même pour celles qui étaient déjà connues, les calques envoyés par MM. Temple et Falbe fournissaient des variantes importantes. Deux inscriptions seulement sont données par le *Journal des Savans* d'une manière si conforme à nos copies manuscrites, que nous avons jugé inutile de les

[1] Cahier de décembre 1837.

1

reproduire[1]. En réimprimant les autres, nous avons soin de citer exactement la page du Journal où elles se trouvent et les numéros qu'elles y occupent. On verra que nos copies étaient généralement plus correctes que celles qui avaient été fournies à M. Hase, mais que la sagacité de cet habile et savant épigraphiste a presque toujours heureusement suppléé à l'imperfection de ses matériaux.

Les inscriptions de Bône, d'Hammâm-el–Berda', de Râs-el-A'qbâh, d'A'nnounah et de Constantine, étaient entièrement inédites.

[1] Elles portent dans le Journal les n<sup>os</sup> 29 et 38, pag. 709 et 715, du cahier de décembre 1837.

# BÔNE.

---

Inscription trouvée dans une maison appartenant au kaïd Aïn-el-Zerghâh :

N° 1.

D. M. S.
MVNATIA
VOLVPTAS
VIX ANNIS
SATIS EST
IC SE

---

# HAMMAM BERDA'.

---

Dans l'intérieur du fort :

N° 2.

. . . . M
PORTA
AESAL
ACTCOS
SENEME. . . .

A quelques centaines de pas du fort, à droite, sur la route de Qalmah, auprès d'un puits :

N° 3.

D. M. S.
TERTIVS
C. SERVILIMACR
TABVL P. VIXIT AN
NIS LXV. BENIT. . . .
CONI. B. M. FECIT.
H. S. EST    Z

# RAS-EL-A'QBAH.

Inscription trouvée sur un mamelon appelé El-Qantarah; elle est sur une pierre grossièrement taillée, qui n'est pas même polie, et dont la forme est celle d'une auge non creusée. Elle a 0<sup>m</sup>,80 de hauteur, sur 0<sup>m</sup>,30 de largeur :

N° 4.

IMPERATORIBVS
CESARIBVS MAR
CO CARINO
AVRMIO
IOIN VIC
CIBVS

# QALMAH.

Sur une pierre du mur d'enceinte :

N° 5.

D N
FL. VALENTINIA
NO PIO FELICI AVG
VICTORI SEMPER
PROCONS PAMPILICV
Q BASILIVS FLAC
CIANVS FL PP
AVGVR CVR. REIP.
CVM DEVOTISSI
MO ORDINE
POSVIT ET DD.

( 5 )

Sur l'autre face de la même pierre[1] :

N° 6.

NEPTVNO

AVG

ONICANIVS

ONICANII MA

XIMI  PAP

HONORATVS

AEDILIS VIR

STATVAM OB HO

NOREM II VIR

PROMISSAM

I·S VII AMPLI

VS AD I P

MAM    SV

MAM    I·S

XXXX   P

DEDIC.

Sur la face extérieure de l'ancien mur :

N° 7.

IMP. CAES. M. AVRE

LIO CLAVDIO IN

VICTO PIO FELICI

AVG  PONTIFICI

MAXIMO TRI

BVNICIAE POTES

TATIS

DD    PP

[1] Publiée et rétablie dans le *Journal des Savans*, sous le n° 32. Cahier de décembre 1837, page 711.

N.º 8.

| D. M. S. | | D. M. S. |
|---|---|---|
| VIBIA. Iʌ | | P. AELIVS |
| FIL. VA | | P. FIL. IAN |
| LENTIN | | VARIVS. P |
| P. VIX. AN | | VIX. AN |
| IS. XX | | NIS |

Sur l'autre face de la même pierre :

N.º 9.

| D. M. S. | | D. M. S. |
|---|---|---|
| VIBIA. | | VIBIA. HO |
| CONSTANS | | NORATA |
| FIL. P. | | I. FIL. P |
| VIX. AN | | VIX. AN |
| NIS XXIII | | NIS XVII |
| . . . S. E. | | H. S. E |

N.º 10.

| D. M. S | | D. M. S |
|---|---|---|
| AEMILIA | | L. VIBIVS |
| SATVRNI | | FIL. HONO |
| NA. L. FIL | | RATVS. P |
| VIX. AN | | VIX. AN |
| NIS | | NIS. |
| | | H. |

Sur l'autre face de la même pierre, l'inscription suivante occupe un seul compartiment [1]

N.º 11.

D. M. S.
VIBIA
SATVR
NINA I.
FIL. L
VIX. AN
NIS. XV.

[1] La pierre est quadrangulaire; elle a 0ᵐ,55 de hauteur, 0ᵐ,40 de largeur, et 0ᵐ,30 d'épaisseur; la hauteur des lettres est de 0ᵐ,03.

### No 12.

SETIVS. FVNDANVS NVTRIVIT NATOS DVO IN PRIMA
AETATE. EX GERMANA CONIVGA. IN STVDIISQ. MISIT. ET
HONORES. TRIBVIT. POST TANTOS SVMPTVS Ñ FRVITVS. NE
MINE. FVNERAVIT. NATOS ET HANC COEPIT OPERA SENEC. LA
BORANS. HAEC PERFEC OMNIA. V. A.     GERMANA
CONIVNX.     V. A. LXXX SORORIS CONIVGIS OR
NAVIT. MEMORIA. C. AEIVLIA. PRIM. V. A. LXXX. VALEASVIATOR. LECTOR MEISCARMINIS[1].

### No 13.

. . . N SVLAT . . .
RELISVMMAM . .
BASILIVSCIRRE
NIANVS II PPICVS[2]
REIP. CVM SPLEND. . . .
O ORDINE POSVIT

### No 14.

HERCVLI
AVG SAC
C. IVLIVS C.
F. QVIRINA
. . . . VSSA[3].

[1] Publiée et rétablie dans le *Journal des Savans*, sous le n° 39. Décembre 1837, page 716.

[2] Autre version : FL. PP.

[3] Les n^os 13 et 14 ont été publiés dans le *Journal des Savans*, sous les n^os 41 et 35. Décembre 1837, page 717 et 712.

Nº 15.

| | |
|---|---|
| D. M. S. | D. M. S. |
| M CIMON | P ASSI |
| VS CLE | NIA CEL |
| MENS | SINA |
| P VA LXXV | P VA LXV |
| H S E | H S E |
| D M S | D M S |
| CAN | . . . . . . |

Nº 16.

Q. SERVILIO
Q. F. HOR
PVDENTI

*Suivent neuf lignes illisibles.*

Nº 17.

SNOVAS
FL. PP. CVR.

Nº 18.

# AIVRA

SIT CEVSSE
RR | SVO

C R C C

| | |
|---|---|
| D M S | D M S |
| IVRELI | IVRELI |
| VS RES | A DO |
| IVIVS | NATA |
| V. AN | P. V. AN |
| XXXV | |

No 19.

AVG. GERM...

FACIENDAM...

RI COLVMN

P

No 20.

IN.........

SLEGATION...

ERISPENESOR

ODAT

No 21.

PROC.....

ADMIN....

HHPPIX.....

No 22.

FORTVNAM VICTRICEM CVM SIMVLACRIS VICTORIARVM
....INFREQVENTI ET INCVLTO LOCO IN ISTA SEDE PRIV
...ONSVLATV. QVARTO INSIGNI AVRELI ARISTOBVLI
....ORNAT.. PROVISIONE GLORIOSI MACRINISOS
........ LEG...... QVARTOS IVLIVS RVSTICIA
.....VIS ET CVR... ᴋALAMENSIVM SPLENDID
......VR... ...NST...... ET LOCAVIT P¹.

No 23.

ANN▽▽INA.

No 24.

VMVINCIMVƧINIMIᴄ

¹ Publiée et rétablie dans le *Journal des Savans*, sous le n° 36. Décembre 1837, page 713.

( 10 )

### Nº 25.

D  M  S

| D    M    |    S          |
|-----------|---------------|
| ELVIVS    | ANTONIA       |
| FORTV     | OPTATINA      |
| NATVS VA  | VAXLVI.       |
| LXVI      |               |

Sur une pierre de 0ᵐ,50 de hauteur :

### Nº 26.

INO

GENTIO

VITA

### Nº 27.

RIOSIVƧOMOM ‖ ƧTRVPM
VIᵒCᵃₓNĪ

### Nº 28.

HERCVLI ⁊ AVG
SACRVM
L·VIBIVS ⁊ SATVRNNVS
IIII ⁊ VIR ⁊ AMPLIVS AD
HONORARIAM  SVM
CVM·HS III M ⁊ PROMI
SISSET E.  X.  HS·VIM
P⸱  S⁊  R⁊
IDEMQ      DEDIC⸱

Hauteur de la pierre, 1ᵐ,60 ; largeur, 0ᵐ,80. Publiée et rétablie dans le *Journal des Savans*, sous le nº 33. Décembre 1837, page 712.

No 29.

BEATISSIMIS TEMPORIBVS DOMINORVM NOSTROR. . . . . . . .
ET THEODOSI SEMPER ET VBIQVE VINCENTIVM ADMINISTRANTE POMP. . .
VC AMPLISSIMOQVE PROCONSVLE INHERSIO CRISPINO MEGETHIOV [1] . . .
VALENTINVS VIR HONESTISSIMVS CVRATOR RIPLOCVMRV. . . . . . . .
TVMQVE ANTIʌ    ʌʌORIVT SORDIBVS EDEDABATVR AD
TVMVLVM II ADVIRICRINORVM HOSPITALITATEM IN MELIOREM
ADE IIIVSRᴄVM PROPRIA PECVNIA REFORMAVIT I [2]

No 30.

DIS ʌ MAN ʌ SAC
CVIBIʌ S. CLE
MEN    ʌ IVS ʌ
VIX    ʌ ANNIS
XX    H S E

No 31.

NITIILOL
C. PROCONSVLAT
ADMINISTRANTE
IELPP. . CVRATORIBVS

[1] Autrement : MEGITHIOV.

[2] Publiée et rétablie dans le *Journal des Savans*, sous le n° 42. Décembre 1837, page 718.

N° 32.

/ \ROL

/ \ROLI

C / ODONICI

ONIGI PVDENT S

PAP. ANMIANVS. DEC

IC NEPTVNI CODI

LIIS. SVIS. STATVAM

I] NI IN FORO C

O EX I-S. V. N. PONI. IVSSISSE

ID HERED. NICNI. RESTI

IVIVS HONORAT. MAXIMIIS

SORORIS EIVS FI... FONICIVS [1]

AGRIPPIN. FRATER EIVS EX I-S

VDC. XL. POSVERVNT.

DEMQ.     DED [2]

N° 33.

IV... SRVSII............

NOSTER SACERDOTVS V......

IN TEMPLO MEMORIAM STA...

TVAE HERCVLIS LOCATIONE...

SI.GNAVE.RIT FIRMANTE VRCV

R. P^ ACCEDENTE AVCTORITATE

PROCONSVLVM [3].

[1] Autres versions :

FIL. EQVICIVS
TIIECMICIVS

[2] Publiée dans le *Journal des Savans*, sous le n° 31. Décembre 1837, page 711.

[3] Largeur de la pierre, 0^m,80. Publiée et rétablie dans le *Journal des Savans*, sous le n° 34. Décembre 1837, page 712.

### Nᵒ 34.

VNA ET BIS' SENAS TVRRES CRESCEBANT IN O DINE TOTAS
MIRABILEM ₒPERAM CITₒ ᴄONSTRVᴄTA VIDET R POSTICIVS
SVB TERMAS BALTEO CONCLVNTVR.[1] FERRₒNV VS MALORVM
POTERIT ERIGERE MAN PATRICISOLOMONINSTI TION NEMO
EXPVGNARE VALEVIT DEFENSIO MARTIRₒ TVE R POSTICIVS PE
CLEMENS ET VINCENTIVS MARTIR CVSTODI TROₗTVM. PRT[2].

### Nᵒ 35.

NI F́ DIV
VINIRVAE
ANTONINO
VI COS III P. P

### Nᵒ 36.

C TANNO ₗ
SATVRNII
P. V. A. XXIII

SE VIVIS FILIO BE[3]

### Nᵒ 37.

D M. S
MVIPIVS
CLARVS
DECM KAL
P. V. A. XXIII
D XXXIII

[1] *Alias* : CONCLVΔITVR.
[2] Publiée et rétablie dans le *Journal des Savans*, sous le nᵒ 43, Décembre 1837, p. 719.
[3] La forme des lettres sur ce fragment est d'un bon style.

N.º 38.

VIBIA AVRELIA
SABINAE
IMP SEVERI AVG
N SORORI DI
VI PII MARCI
FILI AE
C. ANNIVS C
FILIVS PAPIR
SATVRNINVS
PATRONAE

N.º 39.

VLIO        QFI
PAP.    RVSTICIANO
EQ. REIP. PIᴰAL AEDILI C. INN
CENTIAE GRAꜱ ATIS ET VERI
VNDIAE ANTISTI AMATORIS T
DIORVM FIDISSIMO OMNIBVS AMI
CO ET PER OMNIA VITAE LAVDABIL
ET SPE. . ATO PATRI IVLII LVCIL I. . .
. . . SET RVSTICIANVS RESTITV. . . .
. . . . . IT RVSTICIANVS AE. . REPP. . .
. . . . . . . . AVIMVS OBLATION. . . . .
. . . . . . . . . . . . IVE PATRVI I. . . . .
. . . . . . . . . . . . . . . . CIR. . . . . .
. . . . . . . . . . . . . . . . . . VO. . . . . .

N.º 40.

TEMPORIBVS BEATISSIMIS
M CC RESOLVIT VC IVLIVS FESTVS
EV OPVS CVM ADESSET DD CVM FABIO FABIANO VE
CAV SEDEM CVM PROPRIIS SVMTIBVS.

## N° 41.

ANNIAE AELIAE RESTITVTAE
FLAM. PERP. OB IN
SIGNEM LIBERALITA
TEM POLLICITATIO
NIS EIVS I-S CCCC M
AT THEATRVM FACI
ENDVM CVI CVM OR
DO. OB. EAM CAVSAM. STA
TVAS QVINQVE DE PV
BLICO PO . . TNSVIS
SET. ET ETIA. . E. RSTA
LANNI AELI CLEMEN
TIS FLAMEN AVG PP. PATR
CIVS CVI AERE CONLA
TOV V . . . CIVES STA
TVAM P . . VISSENT
VNIVERSI
POSIT [1]

## N° 42.

NIS XVII MXI DII
VLCISSIMO ET SIB

## N° 43.

| FLAVIA | IVL ME |
| FLORA | IVNIO |
| V. A. XXV | V. A. XX |

L. FLAMINALIS
EN. LEG. III. AVG

[1] Publiée et rétablie dans le *Journal des Savans*, sous le n° 37. Décembre 1837, page 714.

## Nᵒ 44.

MIRAE IVSTITIAE ATQ EXI

MIAE MODERATIONIS

L. CREPEREIO MADALIANO V. C

PROCOS. PAIT VICE SACRA IV

DICANTI COM IN ORDINIS PRI

MI VICARIO ITALIAE PRAEF ANN

VRB CVM IVRE CLADII CON

SVLATV PONTI ET BITHYNIAE.

CORRECTORI

## Nᵒ 45.

| D. M. S | D. M. S. | D. M. S |
|---------|----------|---------|
| POIꜯ    | NARI     | IⱯOV    |
| Ⱪ H     | VV       | IVII    |
| NOV     |          | MIV     |
| . . . . . |        | V. AL   |
| . . . . . |        | HSS [1] |

## Nᵒ 46.

ILLⱯ1 / 11 1Ɐ1

NATA MATER A

DE PIETATIS Cꜱɴ

SVMMATA DE

DIC.

[1] Cette inscription se trouve dans une des grottes taillées dans les rochers, hors de la ville.

Les fragmens suivans sont sculptés sur des pierres éparses de 40 centimètres de hauteur, en lettres presque aussi hautes que la pierre. Chaque ligne représente une pierre différente :

Nº 47.

| | |
|---|---|
| CELLEI | EPV |
| OMNES P | OIIC |
| ANINO BACB | EIVS D |
| ANNVMA | EMEP |
| RFE | IANI SEMPER AVG |
| BLICAE | AE VIRTVT |
| ROCON | XPELIO |
| QVADRA | MONIVM DIVIN |
| ISSIMVMIN | ꟼINIꟼM |
| VAT TVO | CILEPROꟼ. |
| RAIIANI ETV | |

Les treize fragmens ci-après sont sculptés sur des pierres hautes de 35 centimètres, en lettres d'une hauteur à peu près pareille :

Nº 48.

| | |
|---|---|
| VSTANTI UICIOR | E MAGNIFI |
| RE PERFEC | OLONIAE |
| INTRA Q | IOMP |
| RITATE | LEGA |
| AXIMO RV | AEUI |
| RIICVM COHE | PRO FEL |
| NUA II DIAE | |

Les dix fragmens ci-après sont sculptés en lettres d'environ 30 centimètres, sur une pierre de hauteur à peu près pareille :

N° 49.

TENTI^

LARISQVE CL

TENTEN

MINIS

IUM TESTI

DEDICAV

STIONE I

NUMIDIAE

OMAN<MAS

NSTANTII UICTOR'.

---

## A'NNOUNAH.

—

N° 50.

C SIRIVS

QE OIVR

URBAN

VS. V. A

XXXI

H. E. S

' Quelques uns des fragmens qui précèdent ont été publiés dans le *Journal des Savans*, sous le n° 40. Décembre 1837, page 717.

Nº 51.

HELVINE ++
VICTORIA
V. A. LXXXV
H. E. S.

Nº 52.

Q. EGNATVS
M. FIL. Q. VIC
TOR V. A. LXXX
H. S. E.

Nº 53.

D. M. S.
M. AEMILI
VS M. F. Q
PVDENS
V. A. XVI
H. S. E

Nº 54.

D. M. S.
CORNELIA
M. F. Q
V. A. XVI
H. S. E.

Nº 55.

D. M S
M. AV ‖ IVLIA
RELI ‖ PRIM
VS ‖ A. Q

N° 56.

## R CATVLLINVS LAP
## EIDEMQ DEDICAVIT

N° 57.

| | |
|---|---|
| .R. | SILV |
| MARITALIS | CONI |
| VIVO SE | CARISS |
| SIEI ET IPSI | MAE QVA |
| POSVIT | V. A. LX |
| V. A. LX | H. S. E |
| H. S. E. | |

N° 58.

D. M. S.

POMPEL. POMPE VETTIA

S. L. FE QVIVSL. FEQVIFEQVIR

ONORA SEPTIMIA

N° 59.

IMP. CAESARI

VIC. VALERIO

CONSTANTIO

INVICTORIO

FELICE AVG PON

TIFICI MAXIMO

TRIBVNICIA

OTESTA.

# CONSTANTINE.

A Koudiet Aty, sur un tombeau musulman :

N° 60.

D. M.
QIVIC
TORICVS
VA LI

Au sanctuaire de Sydy-Meymoun :

N° 61.

M·A·E /
CIV. LI
TONIS
LXXXX VE
IVLIVS /
Io PPAR

N° 62.

POMPEIO
RESIVTO
IVDEO
POMPEIA CARA
PATRI CARIS
SIMO
FECIT [1]

[1] Shaw, qui a publié cette inscription d'une manière inexacte, écrit RESTITVTO dans la deuxième ligne, et met des K pour des C dans les quatrième et cinquième lignes. (*Voyez* Shaw, *Tr. fr.*, tome I<sup>er</sup>, page 161.)

( 22 )

Sur une des pierres de la fontaine de Sydy-Mabrouk, sanctuaire situé sur la terrasse de Mansourah :

N° 63.

. . . . . LORIAE DO . . .

. . . AE QVADRA . . .

. . . E CONIVGI. RAR . .

. . . . COMPARABILI . . . .

A Aïn el Foul, au-dessous de la porte Neuve (Bâb-el-Djédid), sculptée sur une pierre en forme d'autel :

N° 64.

D. M.

IOII VS

HONORAT

TVS VIXI

T ANNIS LXXX

Sur l'autre face de la même pierre :

N° 65.

| D. M. | D. M. |
|---|---|
| DO . . . . AT | IVLIA MA |
| LVCRETIA | VRA PV. FIλ |
| HOSPITILIA | KARISSIMA |
| V. A. XLVI | V. A. XXXI |
| O. I. B. Q. | O. I. B. Q. |

Dans un moulin au-dessous de Sydy-Meymoun, sur une pierre en forme d'autel :

N° 66.

D. M.

ALFENAE

M. F.

MARCIANA

V. A. XVI.

H. S. E.

A Bâb-el-Djebiah, sur des pierres taillées en forme d'autel [1] :

N° 67.

A. POMPEIO
A. FILQVIR. MA
RITIMIANO.
L. NAEVIVS LI
BO PATRVVS [2]

N° 68.

A. POMPE
IVS. A. FIL
Q VIR
MARITI
MIANVS [3]

A Bâb-el-Djebiah, sur un bloc de marbre carré qui avait servi à une barricade :

N° 69.

ΠΙΟΥΛΙΩΙΓΕΜΙ
ΝΙΩΙΜΑΡΚΙΑΝΩ
ΠΡΕСΒΕΥΤΗСΕ
ΒΑСΤΩΝΑΝΤΙСΤΡ^
ΤΗΓΩΥΠΑΤΩ ΑΔΡ.
ΗΝΩΝΠΟΛΙС Η...
ΤΗС ΑΡΑΒΙΑС ΔΙΑ
ΔΑΜΑСΕΟΥСΚΟ
ΑΙΦΟΥ ΠΡΕСΒΕΥ
ΤΗΑΔΡΑΗΝΩΝΕ...
ΠΑΡΧΕΙΑС ΑΡΑΒΙΑС
TRANSLATA AB VRBE SECVN
DVM VOLVNTATEM MARCIA
NI TESTAMENTO SIGNIFICAT
D            D

[1] Les lettres de ces deux inscriptions, ainsi que celles des n° 69 et 71, sont d'une parfaite exécution.
[2] Hauteur de la pierre, 0^m,85 ; largeur, 0^m,66.
[3] Hauteur de la pierre, 0^m,75.

Dans la rue conduisant de la brèche à la porte dite Bâb-el-Djédid :

N° 70.

| | |
|---|---|
| D M | D . . . . . . |
| L TITIVS | L . . . . . . . . |
| MARTIA | RES. . . . . . . . |
| PIIS V. A. VII | V. . . . . . . . |
| H. S. E | H S. . . . . . |

Sur un bloc de marbre carré qui avait servi à barricader Bâb-el-Djebiah :

N° 71.

. . . . VLIOPFILOVIR
. . . MINIO MARCIANO
. . . . SODALI. TITIO PROCOS PROVIN.
. . . . E MACEDONIAE LEG AVGG PROPR
. . . . VINCIAE ARABIAE LEG AVGG SV
. . . . VEXILLATIONES IN CAPPA
. . . CIA LEG AVG LEG $\overline{X}$ GEMINAE
. . . PRO. PR PROVINC AFRICAE
. . . . RETORI. TRIB. PLEB. QVAESTOR
. . . . IBVNO LATICLAVIO. LEG. X
. . . . ETENSIS ET LE $\overline{IIII}$. SCY
. . . . ICAE $\overline{III}$ VIRO KAPITALI
. . . . TIMO CONSTANTISSIMO
. . . . VRMIVS FELIX PRIMO
. . . . ARIS. LEG $\overline{III}$. CYRENAICAE
. . . ATORIN ARABIA MAIORIS
. . . . MPOPIS. LEGATIONIS EIVS
. . . . ON CAVSA. D. D.

( 25 )

Sur la muraille de la courtine des remparts, entre Bâb-el-Ouad et Bâb-el-Djebiah :

N° 72.

. . . . . . . . . . . . . .

. . . . . . . . . . . .   ₁

FELICI AVG. PONTIFICI

MAXIMO GERMANICO

MAXIMO TRIBVNICIAE PO

TESTATIS BIS CONSVLI PAT

RI PATRIAE CONSVLI PRO CON

SVLI M. AVRELIVS DECIMVS

VI PPN EX PRINCIPE PEREGRI

NO DEVOT. . . . . . . . . . . .

Dans la rue des Épiciers, Souk-el-Atar :

N° 73.

D. M. S.

PACTVM FIA

HAC NE

INCOMPARA

BILIS FEMINA

AMANTISSIMA

MARITΦ V. A. XX

H. S. E. O. I. B. Q.

Sur le coin d'une rue :

N° 74.

D. M. S

CIVI IV. . . .

SDOME

TIAN QFI

MNDQ

IVS

¹ Les deux premières lignes ont été enlevées au ciseau.

Sur la partie intérieure de la muraille, au-dessous (au sud-est) de la brèche :

N° 75.

SASA
V. A. XXII. H. S. E
O. I B. Q
MELI

Dans la rue où se trouvaient les lions d'Achmet Bey :

N° 76

. . . . . SAED QV
. . . . VIR IIII COL PRAE
. . . . COL. CIIV . . . . COL
. . . IIII. PERP . . . . . AM
. . . . . . EM FAMC. . . . . .

Dans une rue, sur un mur :

N° 77.

D. M.
APRONIA
CRISIME
V. A. XXXV
H. S. E

Dans une maison :

N° 78.

D. M.
L. CAECILIVS
FIRMIANVS
V. A. XXV
H. S. E

Sur le chambranle d'une porte :

N° 79.

TRONVS COLONIARVM

Dans la rue qui monte de la brèche sur la base du tétra-
pylon :

N° 80.

CLAVDIVS AVLIANVS
COMES PRIMI
ORDINIS AGENS PRO
CTIS BASILICA
NTIANAM CVM HI
OR CIBVS ET TETRA
P O    SVI    IEI    I
IOS    RE

Sur l'autre arche du même édifice :

N° 81.

PRAI . . . . . . . . . . . . . AS
CON . . . TAA . . . NAMCVRI
ORFICIBVS ET TETRAPYL. . . NSI
IVIPIDAM A SOIOPERFICIE AM
IVLI    VP VIT

Sur la marche d'une boutique :

N° 82.

IVLIA FAVS
TINA VIXIT
ANISI MHI
CSESTRE

Sur une arche isolée :

N° 83.

SALVIS D. D. N. N. A

CAMINFXORI

PROVISO SVMP

. . . . . . . . . r

VNA CVM FI. BARB.

Dans une rue près de la brèche :

N° 84.

D. M.

LLCIV. IV

I FIL QVIR

RVSTICVS

IVMNVS

V. A. XIX

Dans un marabout :

N° 85.

VANO

ACRVM

ONIVS P. F QVI

RIALIS AED LVI

VIR IIACONIV

CONVS EQVES

IANVS III NE

IALIS FCITEM

CVRIVM AERE

TEMILOAERVC

VA PECVNIA

IT. DDD.

' Cette ligne a été enlevée au ciseau.

Dans un asile (Zawiah) de la ville :

N° 86.

GENIO DOM. . . . . .
SACR
TELESPHORVS
ARVIAN S
ANIMO DEDIT

L'inscription suivante a été recueillie sur le pavé d'une maison ; elle se compose de trois fragmens épars que nous avons dû réunir pour lire l'inscription entière :

N° 87.

M. AVRELIO ANTO
NINO CAES IMP DES
TINATO FILIO
IMP CAES. DIVI. M. ANTONI
NI PII GERMANICI SARMAT
ICI FIL DIVI COMMODI FRATRI
DIVI ANTONINI PII NEP DIVI
HADRIANI PRO NEP DIVI TRA
IANI PARTHICI ABNEP. DIVI
NERVAE ADNEPOTIS
L SEPTIMI SEVERI PERTINA
CIS AVG PARTHICI ARABICI
PARTHICI ADIABENICI PRO
PACATORIS IMPERI PONTIF
MAX TRIB. POT. V. IMP. VIII
COS PROCOS FORTISSIMI
SANCTISSIMI PRINCIPIS
COL. SIGVITANORVV

Dans la grande mosquée :

N° 88.

VENERI AVG.

. . . . . VS. LEG AVG PR PP. PE

Dans des maisons particulières :

N° 89.

D. M.

SARNIA

SATVRN

INA VA

N° 90.

M. M.

ERVTIE

VICTO

E VIX M

EX

N° 91.

SITTIOPI

QUIRINA

PVELOCI

EDILI. $\overline{\text{III}}$. VIR

MICI. OB.

. . . . . . . .

OSVERVNT

D. D.

N° 92.

D. M.

Q TRAV. SIV

S FATALIS

V A. L.

O. I. B. Q.

Dans une rue :

N° 93.

. . . . . . . . . . . M. . . . .

. . . . . . . MANT. . . . . .

. . . . . . NTVAT. . . . . . .

LXXX. . . . . . . . . . . . .

Dans la Qasbah.

Fragmens en larges lettres, sur de grandes pierres carrées, scellées dans les murs de l'ancienne église :

N° 94.

ASS      OET      Q  C

IMP       AREAP

Autres fragmens d'une même inscription :

N° 95.

EDILIS III VIR..|..EMPLVM

RVM III.,|..PONTIFEX T..|..MIBVS ET...

Dans le marabout où se trouve aussi le n° 85 :

N° 96.

CLAVDI

VS HONO

RATVS

VIXIT AN

IS PN

XXX

Dans le marabout de Sydy Ali Makhlouf :

N° 97.

D. M.
Q HORDIO
NI. VSALV
TARIS V. A
VIII. H. S. E.

Dans la Qasbah :

N° 98.

ARGENTEVM IN
KAPITOLIO
EX HS $\overline{\text{CCCXII}}$

N° 99.

AESARI. VL.
_______
CIVS AFR
TaTva IMP. ET [1]

N° 100.

P. MARCIO
Q VIR
FELICI
FRATRI
P I V L I V S

_______

[1] Ces deux dernières lignes en ont remplacé deux autres plus anciennes qu'on a enlevées au ciseau.

Fragmens en grandes lettres près des murs de la ville, près de Bâb-el-Qantarah :

N° 101.

IIFIC        IV

ATVOTVM SOLVIT. L. A. DD

Dans le fort, au-dessus de la porte dite Bâb-el-Qantarah :

N° 102.

D. M.
CANNIV
S SEVERVS
V. A
LXXXXV
H S E

Sur la corniche qui surmonte un bas-relief du pont romain représentant un poisson :

N° 103.

VILIPATR

Fragmens en grandes lettres sur la porte dite Bâb-el-Ouad :

N° 104.

NOI ou ION

Dans une rue près du Qasr-el-Scherab :

N° 105.

ORICVS EQI . . . . . . . . VSPEO

N° 106.

D. M.
SEITIMI
ASCOD DE.

3

L'inscription suivante a été découverte par sir Temple, aux environs de Tunis, dans un endroit nommé Boudjadi, où l'on voit quelques ruines peu étendues, un marabout et une quinzaine de masures. Ce lieu est à huit milles au nord-ouest de Tunis, à deux milles du Mejerdah et de l'aquéduc de Manouba, sur le chemin de Tuburbo. Le mot VCRIS, qui désigne l'ancienne ville, est parfaitement lisible dans l'inscription. M. Falbe, soupçonnant que ce nom était d'origine punique, a cherché à lui assigner une signification. « *Aqriz*, « dit-il, dans la langue arabe, désigne une terre en pente, « d'un accès difficile, *clivosa*, *salebrosa terra*, et cette dési- « gnation conviendrait parfaitement au sol sur lequel gisent « les ruines d'Ucris. » Diodore de Sicile[1], racontant les pro- grès que faisaient en Afrique les généraux d'Agathocle, ra- conte qu'après la prise de Bizerte, ils s'emparèrent d'une ville d'Acris. Le récit de l'historien semble indiquer que cette der- nière ville n'était pas éloignée de Bizerte ; cette circonstance, jointe au rapprochement ingénieux de M. Falbe, peut auto- riser à croire que la ville mentionnée dans Diodore est la même que l'Ucris de notre inscription. Une dernière indication semble mettre cette synonymie hors de doute. Eumachus, général d'Agathocle, avant de prendre Bizerte et Acris, s'était rendu maître d'une grande ville nommée Meschela, qui devait être rapprochée des deux autres, et dont le nom peut s'être con- servé dans celui de la montagne Iskell, située sur les bords du lac de Bizerte. Or, la liste des évêques donatistes, dans la conférence de Carthage[2], en 411, place à côté de *Vitalis*, *episcopus Vcrensis*, un *Plutianus*, *episcopus Masclianensis*

[1] Lib. xx, c. 57.
[2] Baluze, *Nov. Collect. Concil.*, col. 254.

Ces deux évêques sont bien certainement ceux d'Ucris ou Acris, et de Meschela.

......................... IVI
................. IN ACIA VG
............. IF MAX TRIB
........... EST COS DES PP
...... VITAS VCRIS DD
PP FECIT ET DEDIC ANN .. IO
CORNELI ANNVLINI PRO COS
CVIT VALERI FESTI LEG. EIVS.

DE L'IMPRIMERIE DE CRAPELET,
RUE DE VAUGIRARD, N° 9.

*Fragment trouvé à Qalmah.*

calqué sur le dessin
qui nous a été confié
par M.ʳ Delcampe
Capitaine d'État-major.

*Fac-Simile de la copie d'une inscription
Numidique, trouvée à Qalmah, communiqué par
M.ʳ le Capitaine d'État-major Delcampe.*

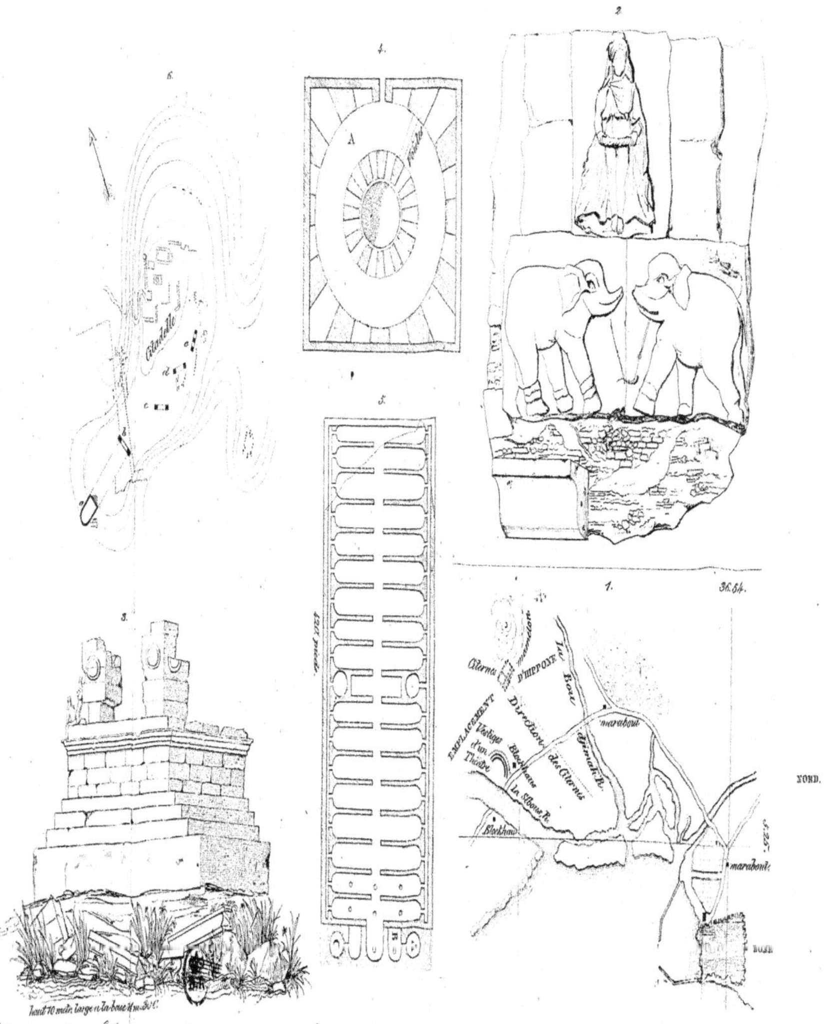

1. Ruines d'Hippône. 2. Bas-reliefs du pont de Constantine. 3. El-Soumah à 3 lieues S.-E. de Constantine. 4 et 5. Bâtisses et citernes à Carthage. 6. Plan des ruines d'Announah.

imp. chez L. Lebrenne 15 Quai Voltaire

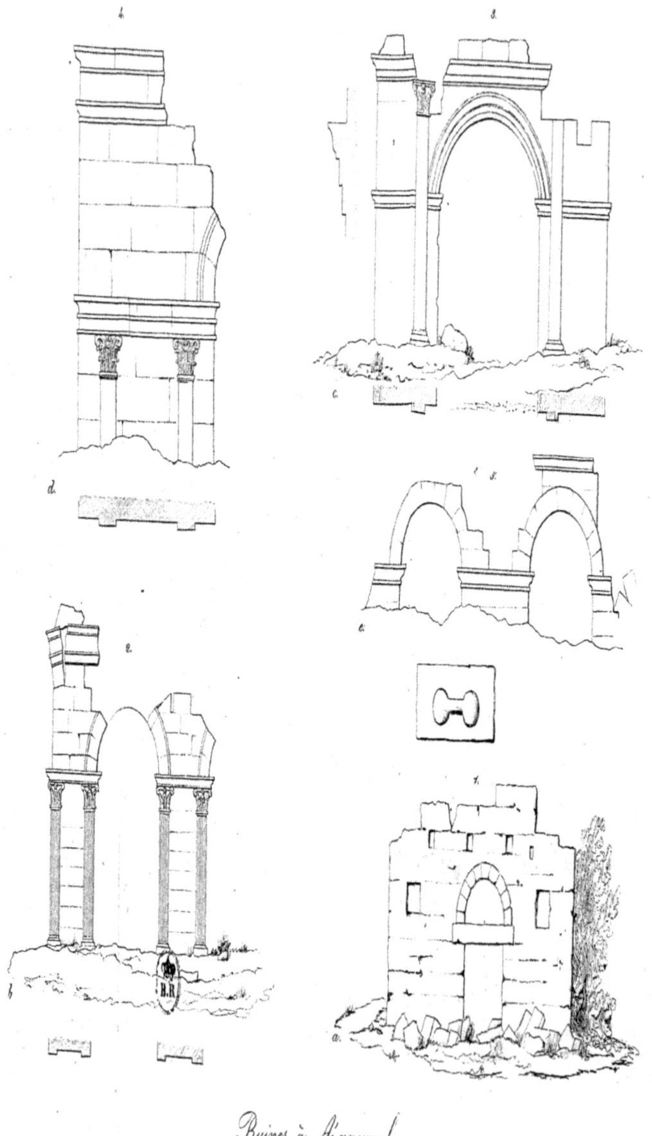

Ruines à Announah.

CARTHA

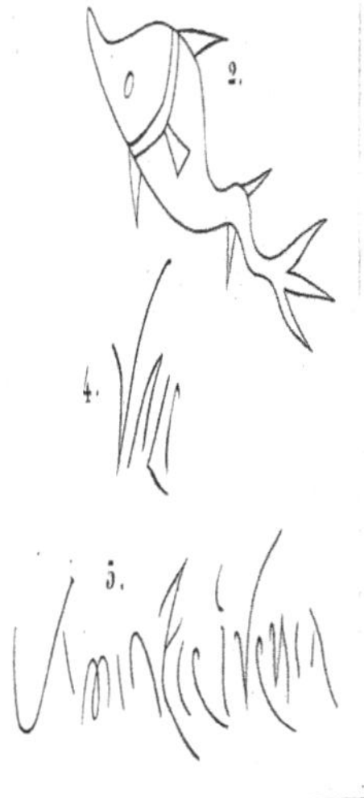

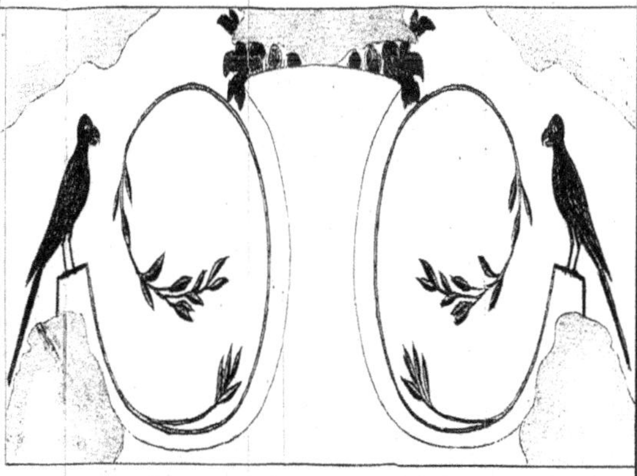

Mosaïque
et
PEINTURES
A FRESQUE
Découvertes
à
CARTHAGE
en
MDCCCXXXVIII.

www.ingramcontent.com/pod-product-compliance
Lightning Source LLC
LaVergne TN
LVHW012022170726
843503LV00001B/361